催收達人の私房書

處理過飛機、船舶，執行時曾被四十
幾人圍住、AMC審核資料時在地下室二
個多月不見天日…

序　言

　　自從事催收工作以來，常常碰到的問題就是「工具書內找不到適當的書狀」，歸類其原因不外：一、銀行囿於心態問題，不願錄用法律系學生，致使許多催收經辦並非法律系科班畢業，導致其只會依樣畫葫蘆〈即按照作業手冊辦事〉，因此沒碰過的催收案件就「莫宰羊」；二、即令身為律師亦因多未受過催收訓練，抑或覺得律師的決勝戰場應在法庭上而非揮汗如雨的執行現場，致使絕大多數債權人即令得到勝訴判決亦僅等同於「壁紙」；三、金融行庫所徵提的擔保品多半以不動產為主，間或有股票、定存單等動產質押，亦因其有千錘百鍊的定型化契約重重保障，因此其催收困難度較低，多半只要將其擔保品處分掉債權即可確保。

　　筆者自跨入法務行列以來，收穫最大應算是三個階段：第一是任職「中央租賃公司」，此時因該公司業已出現財務吃緊窘狀，因此特別注重法務催收，但因行業特性其利息遠遠高過銀行，故往來客戶多半介於銀行與地下錢莊間中小型企業居多，故除其機械設備外亦無力提供良好擔保品，但在全體法務同仁努力下，我們還創下了每月約可回收二千萬現金的佳績（資本額僅十餘億）。

　　第二的階段是任職「世紀資產管理公司」，該公司主要針對標售不良授信資產（NPL）提供評估服務，於任職期間幫業主（通用集團）審閱包括銀行、壽險公司、信合社的授

信及催收卷宗，有如進入少林寺藏經閣廣閱各家武功密笈，因為每家行庫其催收習慣、作業流程不一，並且「淪落」至不良授信資產（NPL）市場的多半是行庫業已無法處分之疑難雜症，在與這些疑難雜症朝夕相處苦思各種解決之道中，不知不覺功力大進。

第三個階段是重回「中央租賃公司」，此時該公司業已跳票三月，「各種」債權人壓力紛紛而來，此時角色已由以往的「債權人」轉換為「債務人」，印象最深的是任職第二天即有債權人上門查封，現場並爆發流血衝突，結束後眾多女同事花容失色、無心進餐，而法務人員則據桌大嚼並檢討剛才查封時的法律攻防。

這本書能夠出版除將這些年的心得作整理，另方面也要感謝一路行來的長官、先進、夥伴：包括中央租賃的長官：黃極榮、簡俊宏，先進：劉錦燕、鄭任書，夥伴：陳瑞謙、周鈺超、孫繼祥等；世紀資產的長官：洪泉平、曾大彧，夥伴：唐瑞敏、朱芳君、卓家立等。特別感謝李崇豪學長提供許多珍貴資料。（本書如有任何錯誤概與本人無涉，都是前面那些人的事）

謹將此書獻給容許我連續四個月每天加班至十一點的老媽 謝玉梅及老婆 王綾嬪

目 次

....

序 言 i

前 言 1

1　初階催收篇 5

2　進階催收篇 17

3　違約談判篇 43

4　假扣押篇 63

5　執行篇 89

6　不動產篇 119

7　租賃關係篇 145

8　對第三人執行篇 161

9　案例教學篇 179

10　催收新策略篇 207

11　附錄篇 237

12　催收趣聞 267

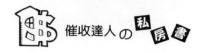

What If 禿鷹⋯⋯

前 言

本篇文章係筆者任職中央租賃時所遭遇的實際執行案例，筆者將其改編以供大家省思並供司法機關注意防範。

上市公司建×電子日前因吃進數筆倒帳導致其流動性變差，此事經半年報揭露後其股價一蹶不振，但因該公司在電子業具有領先地位，且其股本額較低，遂被禿鷹集團相中成為其目標⋯⋯

D-Day 前十天：禿鷹集團以其所掌控之七家公司，分別向○○地院提起對建×電子之假扣押聲請。

D-Day 前五天：○○地院核發七家公司對建×電子之假扣押裁定。

D-Day 前四天：

七家公司遵造○○地院之假扣押裁定，辦妥假扣押提存在案。

七家公司向○○地院聲請假扣押強制執行，並與書記官約妥於 D-Day 強制執行。

D-Day 前三～一天：禿鷹集團以其所掌控人頭帳戶於證券市場大量放空建×電子股票。

D-Day 10:00 七家公司協同法院人員、警察無預警出現於建×電子,由於七家公司主張查封建×電子所有之電腦及辦公桌椅,現場並出現數十名搬遷工人,場面一片混亂。

10:10 債權人對建×電子員工大聲宣布:「將查封、搬遷辦公桌椅,員工如將個人物品放置其內請儘速移出」,現場員工為免遭池魚之殃紛紛移除個人物件,員工出現忙亂打包狀況。

10:15 新聞媒體突然接獲簡訊「上市公司建×電子面臨重大財務危機,遭大量債權人包圍抗議並已開始動手搬貨」

10:20 建×電子律師趕赴現場,主張電腦、辦公桌椅為「營業所必須之物」不得查封,即令查封亦應保留於現場,讓建×電子繼續使用收益,否則即是「以假扣押之名,行搞倒公司之實」。

但書記官認為強制執行法並無規定電腦、辦公桌椅為營業必須之物,准予對其執行。至於保留於現場問題,書記官認為:動產查封原則上以債權人為保管人,但經債權人同意時得使債務人保管。債權人隨即大聲說「我不同意」。

10:25 建×電子律師妥協同意電腦部分可由債權人查封保管,但辦公設備部分因為會對營業造成嚴重影響,請求查封保留於現場。

禿鷹集團法務脫口而出「邁 Go Gay 啊,你辦公桌一張只值 800 元」,建×電子律師馬上應以「請書記官載明筆錄,債權人主張辦公桌椅一張僅值 800 元,顯無執行實益」,書

記官沒好氣的回答「債務人不要再講話刺激債權人了」，亦未載明筆錄。

　　10:30　有線電視媒體跑馬燈陸續刊出「上市公司建×電子遭債權人開始動手搬貨」消息，眾多債權人紛紛趕赴現場。

　　10:35　電視台開始 SNG 連線，畫面出現搬遷工人開始搬建×電子電腦及辦公設備。

　　10:50　建×電子拉下鐵門停止營業，員工因顧慮人身安全一哄而散，鐵門外眾多債權人咆哮、憤怒敲擊鐵門……

狀況一：

　　D-Day 下午 15:00 禿鷹集團成功入主建×電子，聯袂出席證管會之公開說明記者會。

狀況二：

　　D-Day 下午 16:00 建×電子因無法應付眾多越來越不理智的債權人及廠商宣告暫停營業，員工茫然不知明天去向，當晚禿鷹集團於 Piano Bar 開紅酒慶祝海撈一筆。

狀況三：

　　雖然電腦內營業秘密已被建×電子急忙銷毀，但禿鷹集團找到電腦高手將其重新修復，遂掌握建×電子所有營業機密，並將其出售予其營業對手，導致建×電子業績一落千丈遂宣布裁員過千人……

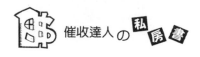催收達人の私房書

　　復台端 2005/6/26 0058 於司法信箱投書有關「為處理假扣押執行疑義，PLS 貴院惠予說明」，請查照。

1.假扣押之標的係由債權人現場指封，若債務人認為債權人指封標的顯非適當，可與債權人和解，由債權人撤回；或由債務人提出現款清償或提供反擔保，聲請撤銷查封。另如查封標的係法律禁止查封者，亦可具狀聲明異議。2.債權人請求假扣押均依假扣押裁定提供擔保，本院民事執行處始強制執行，若債務人有損害，可於本案訴訟終結確定後，請求就擔保金求償。3.關於具體個案，對於執行法院強制執行之方法或其他侵害利益之情事，請具狀向承辦法官聲明異議，由承辦法官依法審酌。

臺灣台北地方法院　訴訟輔導科

1 初階催收篇

債務人拒收存證信函的處理方式

一、將退回的存證信函不要拆封完整保留，因為信封上會有退件的理由（查無此人／遷移不明等）。

二、發存證信函時最好將對方的居所地、戶籍地、公司地址都抄上去，只要有一個送達就算。

三、如過前開地址全部都沒有人收，在訴訟上可以作為惡意逃避或避不出面的佐證。

四、可以作為應送達處所不明的證明，向法院聲請公示送達，照樣可以達到意思表示發生效力。

五、如對方故意拒收、查無此人或遷址不明，表示應儘速採行法律措施以維護自身權益。

催收達人の私房書

受理債權人查調債務人課稅資料作業要點

一、依據：

　　　　民國八十六年五月二十一日華總（一）義字第八六
　　　　〇〇一一五四五〇號總統令公布稅捐稽徵法第三十三
　　　　條第一項第八款增訂條文。

二、申請查調原則：申請案件均請親臨辦理，不接受郵寄申請。

　　　　零星查調案件（一〇〇件以下）申請人可向任何地
　　　　區之各國稅局分局或稽徵所申請查調。

　　　　整批查調案件（超過一〇〇件）申請人應於名冊上
　　　　書妥各債務人之姓名及身分證號〔營利事業統一編
　　　　號〕並裝訂成冊後逕向財稅資料中心申請查調。

　　　　經查調提供之資料非屬即時更新資料僅供參考，不
　　　　負任何責任，事實情況請向管理機關、構〔地政機關、
　　　　監理所、扣繳單位〕查證。

三、查調標的：

　　（一）財產資料：含土地、房屋、車輛、投資（即股東名
　　　　　冊）資料清單。

　　（二）綜所稅所得資料：含薪資、利息等所得資料清單。

　　（三）上述各項標的，查調內容如后：

　　（四）土地所有人姓名、土籍編號、土地地段及其面積、
　　　　　持分率、現值。

（五）房屋所有人姓名、房籍編號、房屋座落及其面積、
　　　持分率、現值。

（六）車輛所有人姓名、車牌、車型名稱。

（七）投資公司、面值（每股面值十元乘以持有股份）。

（八）薪資、利息所得：其給付之公司或存款金融單位。

四、受理對象及檢具證明文件：

（一）債權人如為個人：

　　　個人身分證正本及影本。

　　　司法機關之民事裁定暨其確定證明書正本及影本。

　　　司法機關之支付命令暨其確定證明書正本及影本。

　　　司法機關之債權憑證正本及影本。

　　　其他與民事確定判決有同一效力之執行名義：

　　　本票裁定書正、影本。　假扣押、假處分裁定書正、
　　　影本。

　　　依民事訴訟法成立和解或調解筆錄正、影本。

（二）債權人如為公司或法人組織：

　　　公司執照、營利事業或財團法人登記證正本及影本。

　　　司法機關之民事裁定暨其確定證明書正本及影本。

　　　司法機關之支付命令暨其確定證明書正本及影本。

　　　司法機關之債權憑證正本及影本。

　　　其他與民事確定判決有同一效力之執行名義：

　　　本票裁定書正、影本。

　　　假扣押、假處分裁定書正、影本。

　　　依民事訴訟法成立和解或調解筆錄正、影本。

（三）授權代理人加附下列證明文件：

授權書正本及影本。 受託人身分證正本及影本。

（四）授權代理人僅檢具債權人身分證影本申請時，應由其影本上具結與正本相符，並蓋章切結。

（五）申請人應於所附之影本證明文件上加註「本影本與正本相符，如有不實願負法律責任」字樣，並蓋章切結。

（六）以上檢附證明文件經審查無誤後，正本當場退還。

五、申請查詢費用： 依據財政部九十二年十二月三十日台財稅字第 0920457546 號，「受理債權人申請債務人財產及所得資料收取服務費標準」辦理。

查調每一債務人每項資料計新台幣五〇〇元整〔財產或所得各算一項〕於審查核准後繳納，並將繳費收據併入申請書交件。

申請查調案件經查結果，不論有無財產或所得資料，已繳款查詢費用概不退還。

六、注意事項：

債務人之個人身分證統一編號，營利事業單位或扣繳單位統一編號，請債權人務必填寫清楚，否則概不受理。

申請人取得債務人之課稅資料，應絕對保守秘密，違者依稅捐稽徵法第三十三條規定應予處分，觸犯刑法者並應移送法院論罪。

申辦所需之書表，由稽徵機關印就提供，格式如后：

受理私債權債務查調案件申請書一式二聯（如附件一）。

查詢案件名冊一式二聯（如附件二）。

回郵信封（如附件三）。

繳費收據一式五聯（如附件四）。

回復信封上申請人之姓名、住址須填寫清楚並貼足雙掛號郵票，若郵資不足概由申請人自行負責。

七、稽核：

本部財稅資料中心事後得辦理稽核，以明申辦是否屬實。

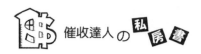

其他查詢債務人住址及財產的方式

一、調公司變更事項登記卡來看地址。

二、退票理由單上之地址。

三、電話的繳費地址。

四、本票上的付款地址。

五、汽機車牌照號碼。

六、調戶籍謄本。

七、請徵信社代為調查。

八、「發現」債務人有刑事犯罪的嫌疑。

申請抄錄戶籍謄本規定

項目名稱：戶政（八）申請戶籍謄本及閱覽

申請人資格：

  1. 當事人。

  2. 利害關係人。

  3. 受委託人。

應附證件及注意事項：

  1. 當事人親自申請：當事人國民身分證、印章（可親自簽名）。

  2. 利害關係人申請：

    利害關係人範圍：

    與當事人有契約或債務、債權關係。

    與當事人同為公司行號之股東或合夥人者。

    與當事人為訴訟之對照人。

    與當事人有血親、姻親或家長、家屬之關係者。

    其他確有權利義務關係者。

    利害關係人國民身分證、印章（可親自簽名）、繳驗利害關係書件正本及留存影本。

  3. 受委託人代為申請：

    當事人簽名蓋章之委託書及受委託人之國民身分證、印章（可親自簽名）。

註：

　　如未帶國民身分證，得以政府機關所填發之其他有照證件交驗，但以其證件上所貼之照片或年齡住址之記載能確實證明係屬本人者為限。

　　戶籍登記簿閱覽要件同前，應由當事人或利害關係人親自為之。

　　在國外製作之文件如利害關係證明、親屬關係證明、委託書等須經我駐外館處驗證。

　　大陸地區製作之文件如利害關係證明、親屬關係證明、委託書等須經海基會驗證。

承辦單位：

　　各戶政事務所

代債務人清償債務之人，得否憑債權人開具之代償證明申請查調債務人的財產等資料？

第三人代債務人清償債務並持有債權人開具之代償證明，是否為強制執行法第四條第四條之二所稱之「訴訟繫屬後為當事人之繼受人」，而為原執行名義所及乙事，案經函准司法院秘書長 88.04.17（88）秘台廳民二字第 04888 號函，略以：執行名義為確定終局判決者，其效力及於訴訟繫屬後為當事人之繼受人，其所謂效力所及之繼受人，包括因法律行為而受讓訴訟標的之特定繼受人在內。又就債之履行有利害關係之第三人為清償後，依民法第三百十二條規定，以自己之名義所代位行使者，係債權人之權利，而非第三人之求償權，如債權人於取得確定之終局判決後，就債之履行有利害關係之第三人代為清償債務，復以繼受債權人為訴訟標的法律關係之權利義務者，似應為確定終局判決效力之所及。

故代債務人清償債務之人持債權人開具之代償證明，依稅捐稽徵法第三十三條第一項第八款規定向稅捐稽徵處申請查調債務人的財產等資料，應得准予查調（財政部 88.04.30 台財稅第 880257536 號函參照）。

債權人得持憑本票准予強制執行之裁定，
請求稅捐機關提供債務人的財產等資料

　　依稅捐稽徵法第 33 條 I 第 8 款規定及財政部 87.12.09 台財稅第 871977763 號函釋，債權人持有本票准予強制執行之裁定，得向稽徵機關申請查調債務人之財產等資料。稽徵機關於受理查調作業時，對債權人應檢附之執行名義證明文件，宜採與法院一致之標準。有關本票持票人持有本票准予強制執行之裁定，是否需有裁定確定證明書或送達證書，始得申請法院強制執行乙節，案經函准司法院秘書長 88.03.16（88）秘台廳民二字第 01706 號函復，略以：債權人依本票准予強制執行之裁定聲請強制執行，應提出得為強制執行名義之證明文件，即裁定正本，毋庸提出確定證明書（財政部 88.04.01 台財稅第 880179004 號含參照）。故債權人持本票准予強制執行之裁定申請查調債務人之財產等資料，免附裁定確定證明書。

債權人得否以拍賣抵押物或質物之裁定，申請查調債務人的財產等資料？

　　按稅捐稽徵法第三十三條第一項第八款規定，債權人持有民事確定判決或其他執行名義者，得向稽徵機關申請查調債務人之財產等資料。但前揭條款之規定，係為協助以取得執行名義之債權人取得債務人之財產等資料，以利其向法院聲請強制執行。

　　拍賣抵押物或質物之裁定，雖屬強制執行法第四條第一項第五款規定之執行名義，惟有關其得強制執行之範圍，案經函准司法院秘書長 8803.15（88）秘台廳二字第 03843 號函覆，略以：拍買抵押物與質物之裁定，係屬對特定物之執行名義，僅得就執行名義所載之特定財產為強制執行，不得逕就債務人所有之其他財產為強制執行。因此債權人持拍賣抵押物或質物之裁定，尚不得申請查調債務人的財產等資料（財政部 88.04.1 台財稅第 880174525 號函參照）。

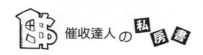

強制流程圖

　　依我現有法制，民事訴訟程序為確定私人權利，論斷誰是誰非之程序，強制執行程序則為實現私人權利確立司法威信之程序，兩者相輔相成。債權人於取得強制法第四條所規定之執行名義（註：即據以聲請強制執行之法律文件），倘債務人仍拒不履行執行名義所載之債務，則為保障債權人之權益，債權人得持執行名義聲請法院強制執行，以實現債權人之權利內容。

流程圖：

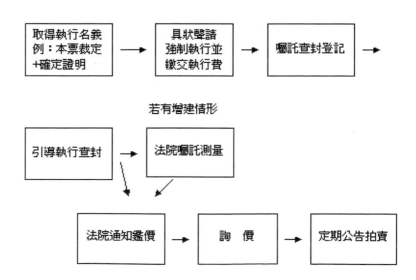

2　進階催收篇

聲請強制執行程序

1.取得執行名義

　　◎是否對全部債務人取得執行名義。

　　◎債權額是否能 Cover 全部 UPB。

　　◎擔保品有無移轉予第三人（拍賣抵押物裁定）。

2.具狀聲請

　　◎附上執行名義正本。

　　◎繳交執行費（0.8%）。

　　◎敘明要執行標的（EX：A 不動產）／附上謄本。

　　◎如需指界時，需先行指明請地政機關會同。

　　◎執行標的如已遭他行假扣押，PLS 先敘明「調卷執行」。

　　◎如有特殊需求（需台電斷電、海關會同），亦需於狀內
　　　一併載明。

3.法院發函地政機關作「限制登記」

　　◎現實務上作業皆以網路上登錄即可。

4.法院發函指定期日作現場查封

　　◎需於指定期間內攜帶委任書至法院報到。

◎最好先行製作現場簡圖，並指定會合點（最好為離執行點不遠之明顯地標處）。

◎除留下自己手機外，最好向執行書記官要手機號碼以便聯絡。

◎最好先行至現場探查，再視情況需要，決定是否需鎖匠及管區員警支援。

◎員警支援時須準備其誤餐費用，原則上 2 人 1K，但須請其簽收據。

◎如債務人不在場而法院指派作為保管人時，需更換門鎖。

◎前開員警誤餐費及更換門鎖費用需需檢附收據，可列為執行費用優先受償。

◎如現場發現有增、違建時，需另行再聲請指派地政機關測量。

◎最好自行先沙盤推演，需何種搬遷工具／特殊執行方式（EX 電子儀器不宜淋雨／車輛）。

5.法院指派鑑價公司鑑價

◎通常法院會以其認可之鑑價公司按次序輪流指派。

◎收到通知函後，需先行與鑑價公司聯繫繳費。

◎通常如為第二輪拍賣時為節省鑑價時間，可檢附前輪拍賣資料，直接請求以前輪三拍價格作為本次拍賣一拍價格。

6.函詢債權人／債務人對鑑價意見

◎基本上定拍賣底價為法院權限，但如債權／務人欲調整其價格，此時可檢附另家鑑價公司之報告，請求其調整。

7.定底價／拍賣期日

◎收法院通知後需將公告全文刊登報紙。

8.拍賣

◎一拍／二拍／三拍／公告應買（三個月）／特別減價拍賣（需債權人另行具狀聲請，否即視為撤回結案）

9.未拍定

◎如經特別減價程序仍未拍定／無人承受時，亦非調他行假扣押卷執行時，法院即會發函地政機關將執行標的物解封。

10.承受

◎任一拍次未拍定時，債權人均可聲明承受，此時債權人需先行墊付其他債權人之執行費用及土地增值稅

◎以往銀行因受銀行法限制，因承受而取得不動產物件必須於 2 年內（現已取消該規定）處分完畢，否則承辦人員會被記過。

◎現經行庫承受之不動產物件即為銀拍屋之來源，其與法拍屋之最大不同為 A.可至現場看屋，B.無點交與否問題。

◎承受不動產物件除持法院核發之權利移轉證書外，尚須繳付契稅才能向地政機關申請登記產權移轉。

11.拍定

◎拍定時法院會發函給優先購買權人，函詢其是否行使優先購買權。

◎拍定人應於 10 日內繳納剩餘 8 成尾款，如未能繳納，

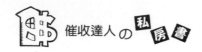

法院除沒入其已繳納之 2 成保證金外，會再舉辦拍賣，
不足部分可再向原拍定人追索。

◎法院會命債權人／假扣押人／抵押權人／併案人陳報
債權，再製作分配表。

◎分配表製作完畢後如無人異議，法院會指定期日分配款
項，分配不足額部分會發給債權憑證結案。

◎債權憑證除為會計師認列打銷呆帳之最主要憑證，另催
收人員需注意債權憑證之時效問題。

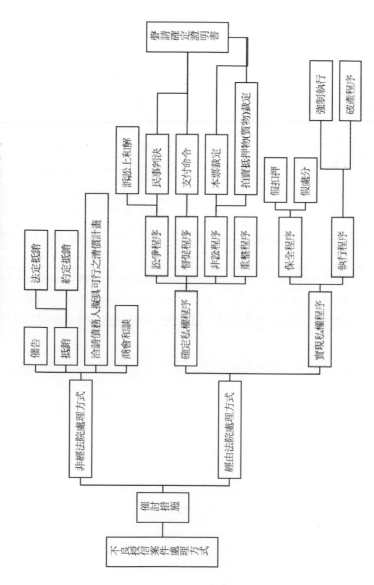

不良案件處理流程圖

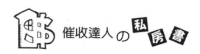

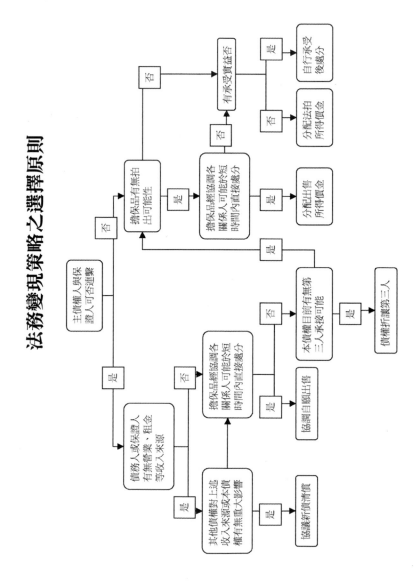

法務變現策略之選擇原則

主債權人與保證人可否連繫

債務人或保證人有無營業、租金等收入來源

其他債權對上述收入來源或本債權有無重大影響

擔保品有無拍出可能性

擔保品經協調各關係人可能於短時間內直接處分

本債權目前有無可能第三人承接

有承受贖益否

自行承受後處分

分配法拍所得價金

分配出售所得價金

協議自願出售

債權折讓第三人

協議新價清償

22

發票人死亡時，可否對其繼承人聲請本票裁定？

　　早期法院實務上，認為本票發票人死亡時，直票人為行使追索權，可對發票人的繼承人聲請本票裁定（參台灣高等法院暨所屬法院63年度法律座談會民事類第27號研討結果）。

　　但本票裁定屬非訟事件，法院在決定是否准許發給本票裁定時，僅依票據法第123條規定就形式審查，至於相對人是否為本票發票發票人之繼承人、抑或發票人之繼承人已經拋棄或限定繼承等事項，屬於確定實體上法律關係的問題，並非檢附繼承人之戶籍謄本即可從形式審查得知，所以執票人若具狀聲請對發票人之繼承人聲請本票裁定時，從本票的形式上看，繼承人並非發票人，所以法院不會准許執票人的聲請。

　　最近實務上見解亦認：執票人必須向「發票人」行使追索權時始得聲請法院裁定後強制執行，對於本票發票人以外之人即不得援用。至於債務人是否為發票人的繼承人屬於實體問題，於非訟事件無從審究。（參台灣高等法院暨所屬法院67年度法律座談會民事類第14號）

催收前應行準備工作

一、清查債務人財務狀況

    1. 向戶政機關請領債務人（自然人）戶籍謄本，查明其住址有無變更，並向有關機構查明有無財產可供執行。

    2. 向經濟部縣市政府等有關單位查明各債務人（法人）之營業組織、代表人、登記資本、股東內容、營業所在地有無變更或停止營業情事。

    3. 往地政事務所閱覽各債務人持有之不動產（包括提供設定抵押權與本行者）有無變更所有權人、設定他項權利或預告登記，同時從旁調查有無出租或收取押金情事，並估計其現值及擔保餘力。

    4. 以商品為擔保者，應查看有無變質及處分之難易，並應重新向其同業爭取估價單，查明市價。

    5. 調查各債務人在本單位、聯行、同業及民間之借款及保證等負債總額，估計以其現有資產處理後能否順利收回全部債權。

    6. 向票據交換所查詢個人戶或公司戶之發票人或背書人有無拒絕往來紀錄。

二、徵提擔保品／連保人

    1. 若經查明借款人營運尚正常，惟因係一時無法償還

者，得設法徵取適當擔保品或可靠票據後，報請延期
清償或予融資輔導。

2. 未屆清償期之各項放款於借款人財務顯著惡化時，應
即洽商借款人提供適當擔保品、可靠票據或增加殷實
之保證人。

3. 連帶保證人發生倒閉或宣告破產情事，應洽請借款人
另覓資力相當者接替。

三、貸款憑證之整備

　　債務人於本行各營業單位如有存款得依民法第 334
條、第 340 條之規定行使抵銷權，並以郵局存證信函將
抵銷意思向其表示（通知）後，隨即辦理債權、債務抵
銷手續。

四、分析延滯原因，訂定催收計畫

　　經辦人員應就各不良放款戶之實際情況擔保情形
及所蒐集各債務人財產資料，研擬具體清理辦法報請主
管核定後積極進行清理，並隨時按時間順序將催收經過
扼要登記於「逾期放款催收記錄表」。

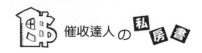
催收達人の私房書

法院之裁判無需取得確定證明即可
聲請強制執行

一、保全程序中之假扣押、假處分裁定，法院為准許之裁定後即可辦理強制執行，而法院會在實施查封後再將裁定書送達債務人。

二、判決主文有宣告假執行者，無需取得確定證明書，即可實施假執行之強制執行。

三、非訟程序之裁定，例如本票裁定、拍賣抵押物裁定，如取定確定證明書當然可具以聲請強制執行，但如債務人提出抗告，因抗告不停止執行，故此時只需取得送達證書之影本（可向書記官聲請閱卷影印），即可據以聲請強制執行。

四、不得上訴或抗告之裁判，例如經第三審判決確定時，即無需再聲請確定證明書，只要提出各審級的判決書正本即可。

　　以拍賣抵押物裁定及本票裁定聲請執行，是否需有確定證明書？

　　查強制執行法 4 條 I 五款之拍賣抵押物裁定及票據法第 123 條之本票裁定均未定有強制執行法 4 條 I 一款以「確定」之終局判決為限，使得為該款之執行名義之類似規定，

因此解釋上該等裁定不論已否確定，均應得為執行名義。又學者張登科、楊與齡認法院為准許拍賣抵押物之裁定後，該裁定不待主張確定即得為執行名義。倘債務人對於法院許可拍賣抵押物之裁定有不得強制執行之事由者，及應依強執法14 條 I II 規定提起債務人異議之訴。因聲請法院裁定拍賣抵押物裁定及本票裁定均無確定判決同一效力，且均屬非訟事件，故一經合法送達債務人不待裁定確定即得為執行名義。

就執行力言，裁定之內容因宣示或送達而生效力，故以未經宣示之裁定為執行名義者，實務上認需經送達始生執行力。是以實務上或有執行法院要求債權人提出確定證明書者，其係為藉以調查該裁定是否確已送達債務人，應屬法院調查權之行使，非謂需待確定始可執行，若債權人已提出其他證據（例如與原本相符之送達證書影本等），確能證明該裁定以用達債務人，法院即不應以債權人未提出確定證明書為由，逕予駁回。

◎司法院第 21 期司法業務研究會，司法院民事廳研究意見：

按裁定應於何時發生效力，民事訴訟法及非訟事件法均無明文規定，但解釋上應與民事訴訟法 238 條關於裁定羈束力之規定同，即應於宣示或送達時發生（日本非訟事件手續法參照）。而執行名義已否送達，亦即是否有執行力，涉及強制執行開始之要件問題，執行法院有調查認定之權責。題示為執行名義之本票裁定准予強制執行，經執行法院調查結果，既未合法送達於債務人，則其對債務人即尚未發生執行

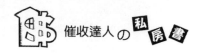

力，債權人據以為執行名義聲請強制執行，自有未合，應予
駁回。

債權憑證概論

　　法院發給債權人債權憑證收執時，該強制執行程序即告終結，因開始強制執行而中斷的時效，則由此重行起算。日後，債權人依據債權憑證再聲請強制執行時，仍依原執行名義所載債權計算消滅時效。

　　債權人以債權憑證聲請強制執行，如仍未能發現債務人財產，能否請求重新發給債權憑證？實務上認為強制執行法第二十七條對於法院核發債權憑證並無次數的限制。約有八成多法院會在原債證上加蓋戳記（消滅時效從戳記日期重新起算），其他法院會發給新債證。

　　債權人如持債權憑證向法院再聲請對債務人財產強制執行，因其本質上係原執行程序的繼續，所以無需再繳納執行費用。但前開無需再繳納執行費用係指收狀時無需繳納費用，但開始另輪強制執行所衍生之鑑價費、登報費、員警誤餐等相關費用，仍須債權人先行繳納再計入執行費用內。

　　如果執行名義係為對物執行（如拍賣抵押物／質押物裁定）時，即令拍定價金未足債權金額，不足部分亦不發給債權憑證。

　　實務上，債權憑證最主要的用途在於會計師打銷呆帳審核標準（參見附錄「營利事業所得稅查核準則第九十四條」規定），如果未能取得債權憑證時，其屬逾期二年應取具郵政事業已送達之存證函或向法院訴追之催收證明。

Q：債權憑證之有效期間多久？

A：債權憑證之時效期間，依原有執行名義之請求權
種類而定，有長期時效與短期時效之分。如民法
第一百二十六條、一百二十七條及票據法第二十
二第條，所載之請求權均屬短期時效；民法第一百
二十五條前段則為長期時效（十五年）。原有消滅
時效不滿五年者，依民法第一百七十三條第三項
之規定因中斷而重行起算之時效時間為五年。

Q：可否聲請換發債權憑證？

A：於時效期間內，當然得聲請換發債權憑證，縱使
已逾期，仍得聲請換發，蓋債權人於確定判決
後，若原有的時效期間或重行起算的時效期間都
已屆滿，而聲請強制執行時，執行法院不得逕
行駁回，但得由債務人提起異議之訴，來主張
時效屆滿的問題。

消滅時效簡介

消滅時效是「被動的、相對的權利」，當債權人提出請
求時，債務人如果認為已超過消滅時效期間者，就可以提出
「時效已消滅」作為抗辯，而得拒絕給付。因此有權利的一
方，千萬不要讓你的權利睡著了，縱使現在債務人沒有財產
可供執行，仍應採取必要的法律行動（現在沒有財產，未必
表示永遠不會有財產），否則一旦超過時效期間，債務人就
可以依法主張時效抗辯，你只有眼睜睜地看他欠錢不還有

理，屆時再罵沒有天理，怪法官不公平，也是徒呼奈何！法律只保障懂法律的人，切記！

營利事業所得稅查核準則
第九十四條（93.1.2.修正）

呆帳損失：

六、前款呆帳損失，其屬債務人倒閉、逃匿，無從行使催收者，除取具郵政事業無法送達之存證函外，並應書有該營利事業倒閉或他遷不明前之確實營業地址；債務人居住國外者，應有我國駐外使領館、商務代表或外貿機關之證明；債務人居住大陸地區者，應有行政院大陸委員會委託處理臺灣地區與大陸地區人民往來有關事務之機構或團體之證明；其屬和解者，如為法院之和解，包括破產前法院之和解或訴訟上之和解，應有法院之和解筆錄，或裁定書正本；如為商業會、工業會之和解，應有和解筆錄；其屬破產之宣告或依法重整者，應有法院之裁定書正本；其屬申請法院強制執行，債務人財產不足清償債務或無財產可供強制執行者，應有法院發給之債權憑證；其屬逾期二年，經債權人催收，未能收取本金或利息者，應取具郵政事業已送達之存證函或向法院訴追之催收證明。

催收達人の私房書

違約案件催收作業流程

作業流程	負責單位	說　　明
退票通知 ↓	財務部主辦	簽發退票通知書通知： 徵信／會計／法務／業務
協商 ↓	業務部／法務部	瞭解客戶退票原因，協議提前清償或重新安排還款
催收 ↓	法務部	協商無結果時，簽發存證信函並提兌大本票
執行 ↓	法務部	取得執行名義後向債務人施壓，取回或查封標的物及財產
拍賣 ↓	法務部	拍賣出售標的物及押品求償
追討 ↓	法務部	主債務人不足清償時，追討連帶保證人或共同發票人責任
簽報 ↓	法務部／業務部	會同簽報處理結果，不足部分建議年度呆帳打銷
核准 ↓	總經理／董事長／董事會	核准呆帳打銷金額
申報	會計部	年度稅務申報沖抵所得稅，減少應納稅額

損害債權罪之實務見解

　　債務人的脫產行為是否會觸犯刑法之損害債權罪，必須其行為符合以下所列之構成要件，才能成立：

一、行為人需為「執行名義上的債務人」

　　但須注意的是，如果債務人是公司而非自然人，則公司負責人亦非本罪處罰之對象。因此公司的脫產行為並無刑法第三百五十六條損害債權罪適用之餘地。（參附錄台北地院85年易字第4881號判決）

二、需債權人以對債務人取得強制執行法第四條之「執行名義」

　　需債務人取得執行名義後，才能對債務人名下財產（動產、不動產、銀行存款、股票等）聲請強制執行；如債務人於債權人對其取得執行名義後，始處分其名下財產，債務人即觸犯損害債權罪。反之，若債務人於債權人對其取得執行名義前，即早一步處分（買賣、設定抵押、贈與等）其名下財產，則無本罪之適用；此等情形，只生債權人得否依民法第二百四十四條訴請法院撤銷此處分行為之問題。

　　舉例而言設若銀行以本票聲請強制執行裁定，此一裁定即屬強制執行法第四條第七款所列執行名義之一，但銀行須俟該裁定確定後（裁定抗告期間過後或抗告被駁回確定），才能對債務人名下財產聲請法院強制執行；亦即以該始點作為債務人之脫產行為而致觸犯損害債權罪之參考點。

裁判字號：

85 年易字第 4881 號

裁判要旨：

　　查刑法第三百五十六條之毀損債權罪，係以「債務人」於將受強制執行之際，意圖損害債權人之債權而處分隱匿財產為成立要件，是其犯罪主體以將受強制執行之「債務人」為限，為身分犯。而本件被害人有程公司所持之執行名義係以旭○公司為債務人，此有臺灣台北地方法院支付命令影本乙紙附卷為憑，至被告雖係旭○公司之負責人，對外可代表旭○公司為法律行為，但究與旭○公司為二不同之權利主體，而非該將受強制執行之債務人，難為該罪之犯罪主體。是縱公訴人起訴之事實皆為真正，且「法人」為債務人時，須假「自然人」之手而行脫產之行為，亦為當然之理，而可據此認被告之行為有可非難之處；但行為之處罰以行為時之法律有明文規定為限，刑法第一條定有明文，此即為大陸法系刑法奉為規臬之「罪刑法定主義」，本件被告既非被害人之債務人，即無成立毀損債權之可能，從而本案既不能證明被告犯罪，揆諸首揭規定及說明，應為無罪判決之諭知。

裁判字號：

93 年上易字第 103 號

裁判要旨：

　　按刑法第三百五十六條損害債權罪之成立，僅須債權人對於債務人取得強制執行法第四條所列執行名義，得以隨時

聲請法院強制執行者，即屬之；而所謂取得執行名義，不以
經判決確定者為限，且於他人取得執行名義後，確有毀壞、
處分或隱匿其財產之行為，即足以成立犯罪；縱使執行名義
嗣經確定裁判廢棄、變更或撤銷，亦屬債務人得否就執行所
生損害請求賠償之問題，無從解免行為人於他人對之取得執
行名義時，已處於債務人而不得擅自處分財產責任。因此事
後命給付租金之民事判決雖經部分廢棄，仍無解於被告當時
已處於隨時有受強制執行之狀態。

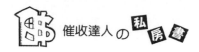

書狀例稿

函查建號

○○股份有限公司　　函

受　　文　　者：高雄市政府地政處　機關地址：　台北市○○路○號
　　　　　　　　前鎮事務所
速　　　　別：　　　　　　　電　　話：　（02）2xxx-xxx1
密等及解密條件：　　　　　　傳　　真：　（02）2xxx-xxx1
發　文　日　期：中華民國九十三年　承辦部門：　分機308
　　　　　　　　X月XX日
發　文　字　號：（93）中管字第0XX號
附　　　　件：如文

主　　旨：本公司因業務需要，謹向　貴所查詢轄區內所有
　　　　　權人XXX（身份證字號：A12345678X）房屋座
　　　　　落於高雄市前鎮區○○巷1之1號之建號，敬請
　　　　　查照惠覆。

說　　明：
　　　　　謹檢附利害關係證明文件：。
一、高雄地方法院90年度促字○○○○號支付命令
　　及確定證明書影本各壹份。。
二、財政部高雄市國稅局歸戶財產查詢清單影本壹份。

　　　　　　　　　　　董事長　　　○　○　○

保費存函

郵局存證信函用紙

副正本

| 一、寄件人　姓名：○○股份有限公司 |
| 地址：台北市○○路○號 |
| 法定代理人：○○○　　印 |
| 二、副本收件人　姓名：○○產物保險（股）公司台南分公司 |
| 地址：台南市○○路○○號。 |
| 三、收件人　姓名：本社 |
| 地址： |

存證信函第　　　號

（本欄姓名、地址不敷填寫時，請另紙附記）

格行	1	2	3	4	5	6	7	8	9	10	11	12	13	14	15	16	17	18	19	20
一	敬	啟	者	：																
二	一	、	貴	公	司	11	73	第	89	YO	XX	XXX	號	火	險	保	單	一	本	
三	本	公	司	為	投	保	人	，												
四	二	、	現	以	此	函	通	知	貴	公	司	解	除	前	開	保	單	，	本	
五	並	請	貴	公	司	將	利	格	保	費	逕	自	匯	入	本	公	司	位	於	
六	彰	化	泛	亞	銀	行	台	北	分	行	帳	戶	00	30	01	XX	XX	X5	如	有
七	任	何	問	題	請	貴	02	2X	XX	XX	X1	洽	3	05	呂	先	生	聯	繫	
八	配	合	，	並	任	惠	澱	。												
九																				
十																				

本存證信函共　頁，正本　份，存證費　元，
副本　份，存證費　元，
附件　張，存證費　元，合計　元。

經辦員
　　　　　郵戳
主管員

年　月　日證明正本內容完全相同

黏貼

郵票或郵資券

備註：
一、存證信函需送交郵局辦理證明手續後始有效，自交寄之日起由郵局保存之副本，於三年期滿後銷燬之。
二、在　頁　行第　格下增刪　字
三、每件一式三份，用不脫色筆或打字機複寫，或書寫，並填寫三份以上，每份各執一份。

塗改增刪每格限書二字，色澤明顯，其增刪塗改每格限二十字以內，每件限十字為限
如有修改應填註本欄並蓋用印章，但塗改增刪如未逾二十字，可於加蓋印章

催收達人の私房書

聲請查明繼承

案例說明：聲請查明有無拋棄／限定繼承事

　　債權人對債務人 A 業已取得債權憑證，但據探聽債務人 A 業已過世，但不知其繼承人有無向法院聲請拋棄或限定繼承，俾便對其繼承人續為追索。

法源依據

民法第 1154 條 I　規定「繼承人得限定以因繼承所得之遺產，償還被繼承人之債務。」

民法第 1154 條 I　規定「為限定之繼承者，應於繼承開始時起，三個月內，開具遺產清冊陳報法院。」

民法第 1174 條 I　規定「繼承人得拋棄其繼承權。」

民法第 1174 條 II　規定「前項拋棄應於其知悉得繼承之時起二個月內以書面向法院為之。」

○○股份有限公司　函

受　文　者：嘉義地方法院民事科　機關地址：台北市○○路○號

速　　　別：　　　　　　　　　　電　　話：（02）2xxx-xxx1

密等及解密條件：　　　　　　　傳　　真：（02）2xxx-xxx1

發　文　日　期：中華民國九十三年 X　承辦部門：　分機 308
　　　　　　　　月 XX 日

發　文　字　號：（93）中管字第 0XX 號

附　　　　件：如文

主　　旨：為查明本公司債務人○○○（A12345678X）之
　　　　　繼承人有無向　鈞院聲請拋棄或限定繼承事，請
　　　　　惠予查明後見復。

說　　明：

　　　一、本公司與債務人○○○等間給付票款強制執行
　　　　　事件，業經　屏東地方法院核發 86 年執字第○
　　　　　○○○號債權憑證（附件一）在案。

　　　二、據悉債務人○○○業已過世，但繼承人有無拋棄
　　　　　或限定繼承不明。

　　　三、特檢附前開文件向　鈞院聲請查明有無拋棄或
　　　　　限定繼承情事；如　鈞院查無資料時，請核發查
　　　　　戶籍函件，俾便向戶政機關申請抄錄除戶謄本。

　　　　　　　　　　　董事長　　○　○　○

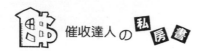催收達人の私房書

觀光局——函

○○股份有限公司　　函

受　文　者：交通部觀光局　　　機關地址：台北市○○路○號
　　　　　　　　　　　　　　　　　　　　　　○樓

速　　　　別：　　　　　　　　電　　　話：（02）2711-xxxx

密等及解密條件：　　　　　　　傳　　　真：（02）2781-xxxx

發　文　日　期：中華民國九十三年四　承辦部門：　分機 AAA
　　　　　　　月一日

發　文　字　號：（93）中管字第 045 號

附　　　　件：

主　　　旨：為申請協助本公司處理八十四年元宵燈會主
　　　　　　燈，俾便保存深具歷史及觀光意義文物事。

說　　　明：

　　　　　　　本公司前以附條件買賣方式將八十四年元
宵燈會主燈（金嘟嘟）出售予○○實業股份有限
公司，現該燈會主燈置放於彰化縣花壇鄉○○路
XX 號（即○○○○○內），前開契約並經經濟
部工業局以 89.09.06 工（中）附字 XXXX 號登
記在案，於分期價金繳納完畢前本公司依法仍為
該燈會主燈之所有人。

　　現因○○實業股份有限公司業無法繳納分期價金已該當違約條款，本公司意欲行使取回權將前開主燈取回後自行出售，但因該標的係八十四年元宵燈會主燈深具歷史及觀光意義，倘處理不當恐對無法彌補傷害。

一、現特函請　貴局協助本公司對此珍貴文物代為函詢各大風景名勝管理區或遊樂場其承買意願，若有意購買者請逕洽經辦02-2711-XXXX*AAA　X先生。

　　　　　　　　董事長　　○　　○　　○

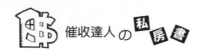催收達人の私房書

查債務人財產函

　　　（查詢債務人財產）

台灣○○地方法院民事執行處函　　　　中華民國○年○月○日

　　　　　　　　　　　　　　　　　　○院○執字第○○○○號

受文者：財政部財稅資料中心　　　　　設台北市忠孝東路

　　　　　　　　　　　　　　　　　　四段五四七號

　　　○○○稅捐稽徵處○○分處　　　設

　　　台灣證券集中保管股份有限公司　設台北市復興北路三六三號

　　　　　　　　　　　　　　　　　　十一樓

主　　旨：請查明債務人○○○（住○○○○○，身份證字

　　　　　號○○○○）（財產）（所得）（營業）（納稅）

　　　　　（開戶往來卷商資料）惠復。

說　　明：

　　　　一、本院○○年○執字第○○○○號強制執行事件，

　　　　　　對前開事項認有調查之必要。

　　　　二、依據強制執行法第十九條辦理。

　　　　　　　　　　法　　　官

3 違約談判篇

美國貿易代表署談判原則

1. Everything is negotiable !

   萬事皆可協商

2. Never pay the "window sticker" price. Don´t be easy to get .

   不要依照開價付款，不要輕易妥協接受。

3. Start high and nibble like crazy .

   先畫大餅，再像個瘋子般挑剔，逐步逼近。

4. No free gift ! Use the big "IF:".

   沒有白吃的午餐，應該擬定多種方案。

5. Start slowly and be patient .

   慢慢談，要有耐心。

6. Use / Beware the power of legitimacy .

   小心地使用法律所賦予的權利。

7. Make small concessions especially at the end .

   特別是快達成協議時應適度小讓步。

8. Keep looking for creative alternatives .

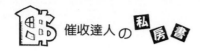

不斷地尋求創造性替代方案。

9. Leave your opponents feeling theyve done well .

讓你的對手覺得他們做得很好。

違約案件談判處理舉例

一、談判前

1. 先瞭解客戶／可透過業務人員

    先探清客戶退票的原因，如有地下錢莊涉入即應斷然處置

2. 瞭解自己的籌碼

    清點、確認擔保品，先行尋找買主，瞭解該案交易模式。

3. 找到有權能做決定的人。（人）

4. 考慮各種解決方案

5. 需瞭解談判過程各種突發情形都有可能出現，一旦有可能達成協議，最好當場將文件全部簽完，以免下次完全找不到人或避不見面

二、談判時

1. 談判地點：分公司／客戶處。（地）

2. 必須設立最後底線 Deadline。（時）

3. 施壓方式：會同買主盤點／報價。

4. 談判方式：先拉高違約金／遲延息，再往下降。

    A 徵詢客戶現金流量 Cashflow 繼續經營意願／跳票原因／有無民間借款

　　B 有無代償或展延 Reschdule 之可能

　　　　如為展延時需注意原保證人需同意本公司對客
戶展延

　　C 徵提擔保品／副擔保品／保證人

　　　　在客戶發生財務問題時為徵提擔保品最佳時
機，即令不能提供良好擔保品，徵提二、三順位抵押
權或客票等副擔保品，亦算是「沒魚蝦也好」

　　D 請客戶簽立「應收帳款讓與書」予本公司

　　　　徵信卷內有客戶及下游廠商（即應收帳款）等
資料。

　　E 是否請客戶交還標的物

　　　　請客戶簽立取回標的物同意書，以免日後發生爭
執；實務上應特別注意，因非透過法院強制執行，可
能會有其他債權人阻撓情事，最好會同債務人至警察
局備案。

三、談判後：

1. 對擔保品拍照或噴漆等表彰權利動作。

2. 評估是否需請保全人員維護擔保品安全。

3. 利用法院強制執行時再行談判。

4. 如能達成協議，當場即應簽立協議書或收妥客票。

5. 逕行取回標的物或簽立取回同意書。

代償同意書

　　茲立書人同意依下列方式代償部份○○興業有限公司（以下簡稱○○公司）對 XX 股份有限公司（以下簡稱 XX 公司）之債務：

一、代償金額及期日

　　　　代償金額為新台幣二百六十萬元，由立書人於八十九年七月十四日前自行匯 XX 公司於泛亞銀行台北分行帳戶（003-001-XXXXX-5）內。

二、本同意書所定代償債務全部履行完畢後，XX 公司有權逕行交付抵押權塗銷文件（土地座落：斗六市竹圍子段 XXX 地號，面積 XX 公畝）予代償人；對此○○公司及連保人同意不得以任何理由對抗 XX 公司。

三、本代償債務之抵銷悉依 XX 公司之會計作業準則或其相關規定辦理。

　　此致

XX 股份有限公司

　　　　　　　　立　書　人：

　　　　　　　　身份證字號：

　　　　　　　　住　　　址：

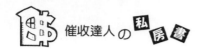

債　務　人：○○有限公司

法定代理人：○　○　○

住　　　址：台北市○○街○○號

連　保　人：A　A　A

住　　　址：台北市○○街○○號

連　保　人：B　B　B

住　　　址：台北市○○路○○號

連　保　人：C　C　C

住　　　址：斗六市○○路○○號

中 華 民 國　八　十　九　年　○　月　○　日

協商清償切結書

切　結　書

　　立書人○○○（ID NO: Q12345678X）茲切結：

一、緣 XXX（ID NO: Q87654321X）先生前擔任○○股份
　　有限公司（以下簡稱○○公司）與 A 有限公司往來之連
　　帶保證人，而前開債務業經台灣台南地方法院核發 86
　　年執字第○○○號債權憑證在案，現立書人同意於三個
　　月內一次給付新台幣一百五十萬元台支（不開立抬頭）
　　或同額前開現金（即中華民國九十三年十月九日前），
　　○○公司同意對○○○先生拋棄行使前開債權憑證及
　　相關權利（包括至清償日止之利息、遲延利息、違約金
　　及法律稅捐）之追索權利；並將原簽立契約書及本票之
　　原本連保人親簽部分塗銷。

二、前開債權剩餘部分（利息計算至 93.11.7，明細如附表）
　　均由立書人 XXX 於六個月內清償或提出經○○公司認
　　可之還款計畫。

　　恐口無憑，特立此書為證。

　　此致
○○股份有限公司

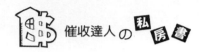

立　書　人：○　○　○
身份證字號：Q12345678X
地　　　　址：嘉義縣義竹鄉○○路○號

中華民國　九　十　三　年　X　月　X　日

取回動產同意書

同　意　書

立書人前於　　　年　　　月　　　日向　貴公司以
□租　　　　賃
□附條件買賣
□分期付款

方式□承租　　□承購　　如附件動產在案，茲因立書人無力付款，爰同意將前開標的物全部返還予　貴公司，請逕派員或指定第三人至立書人營業所、廠房，為拆遷、搬運等取回標的之一切必要行為，立書人將予必要協助與配合。(□如附件動產抵押物亦請一併取回)

前開取回之各標的　貴公司得無需通知或公告，擇機逕以公開或不公開方式出售第三人，並就出售額抵償已到期或未到期價金，若有不足，立書人及連帶保證人當另為清償。

此致
○○公司

　　　　立　書　人：
　　　　法定代理人：

中　華　民　國　　　　年　　　月　　　日

51

催收達人の私房書

保人同意延展給付書

延展（變更）給付申請書

申請人：	陳○○、許○○、吳 ○○	（下簡稱保證人）
	○○航業股份有限公司 法定代理人：陳　○○	（下簡稱被保證人）

　　保證人等為被保證人對 XX 股份有限公司（下簡稱貴公司）之契約債務（租賃契約、附條件買賣契約、分期付款契約等其他一個或多個契約）之履約連帶保證人，茲以被保證人因周轉未能如意，共同向　貴公司申請延展（變更）給付方式，並同意如下事項：

一、保證人同意於下列情況，仍願續擔任被保證人對　貴公司所負債務之連帶保證人，並就被保證人所負之債，拋棄先訴抗辯權負連帶履行責任：

　（一）貴公司同意延展（或變更）被保證人債務履行期或方式，如　貴公司嗣更為一次或數次之展延或變更時亦同。

　　　　本項同意延展或變更，未經保證人等同意或有反對意思。

　（二）貴公司免除任一保證人之保證責任或拋棄一部或全部擔保物權時。

二、保證人及被保證人同意拋棄對 貴公司債權（含契約及
　　票據）之時效抗辯。

三、貴公司現在及嗣後對保證人及被保證人，因保全債權辦
　　理假扣押或假處分所提存法院之擔保物，保證人及被保
　　證人同意放棄損害賠償請求權，配合提供文件，以利貴
　　公司領回提存物

四、貴公司如同意延展（或變更）被保證人債務履行期，嗣
　　被保證人未如約履行，或有約載無法履行之虞、或他債
　　權人對保證人及被保證人更有強制行時，貴公司得請求
　　一次清償全部債務。

五、貴公司對保證人及被保證人現有之法院判決或裁定或
　　其他執行名義，不因貴公司延展（或變更）被保證人債
　　務履行而影響效力，貴公司嗣仍得為滿足債權據以行
　　使。保證人及被保證人簽發或背書之票據如未退還，應
　　作為履行債務之擔保。

　　　　　此　　致
XX 股份有限公司

　　　　　　申　請　人
　　　　　　○○航業股份有限公司　　　　（客戶全銜）
　　　　　　法定代理人：陳○○　　　　　（負責人姓名）
　　　　　　陳○○　　　　　　　　　　　（保證人姓名）
　　　　　　許○○　　　　　　　　　　　（保證人姓名）
　　　　　　吳○○　　　　　　　　　　　（保證人姓名）

中　華　民　國　　八　十　　○　　年　　○　月　○　日

催收達人の私房書

保證人協議書

和　解　書

立書人：○○股份有限公司（以下簡稱甲方）
　　　　AAA、BBB（以下簡稱乙方）

　　甲乙雙方為台南地方法院 86 南院慶執字第 XXXX 號債權憑證及 85 年 9 月所簽立之分期付款附條件買賣契約所生之保證債權債務關係達成和解，條件如下：

一、乙方同意自民國八十九年九月起至 AAA 依法退休日止，按月給付甲方新台幣七千五百元正（由乙方匯入甲方泛亞銀行台北分行帳戶 003-001-XXXXX-5）。

二、雙方簽立本和解書當日應撤回 89 年度訴字第○○○號及 89 年度重訴字第○○號等一切訴訟，甲方亦不得再對乙方申請強制執行（其他保證人及主債務人不在此限）。

三、乙方同意甲方逕自領取台北地院 88 年民執字第○○○號執行案件對 BBB 名下台北市南港區○○○路○○號執行分配所得，甲方同意撤回同案對 BBB 名下光復北路房屋部份查封。

四、甲方自任何第三人完全受償或甲方違約時，乙方即無須再對甲方為任何（含第一條所定）給付，甲方亦不得再對乙方行使任何權利。

五、乙方如違反第一條所定給付義務時，甲方即不受本和解
書限制逕依台南地方法院 86 南院慶執字第 XXXXX 號
債權憑證行使權利請求一次付清全部債務，但已給付金
額仍應從債權額中扣除。

六、本和解書一式二份，雙方各執乙份為憑。

立　書　人：A　A　A
身份證字號：A12345678X
地　　　址：台北市松山區○○路○○號
立　書　人：B　B　B
身份證字號：A98765432X
地　　　址：台北市松山區○○路○○號
立　書　人：○○股份有限公司
負　責　人：○　○　○
地　　　址：台北市○○路○號

中　華　民　國　　八　十　九　年　X　月　X　日

 催收達人の私房書

部分代償同意書

　　茲立書人○○○願依下列方式代償部份 XX 企業股份有限公司（以下簡稱 XX 企業）對○○股份有限公司（以下簡稱○○公司）之債務：

一、代償金額及期日

　　1. 頭期款新台幣 30 萬元，於簽立本書面時以現金交付之。

　　2. 第 2～25 期每期新台幣 24，750 元。（詳如後附票據明細表）

　　3. 第 26～49 期每期新台幣 150，760 元。（詳如後附票據明細表）

二、前條所定之代償債務為非自然債務且不可撤銷，如代償（票）款有任一期未履行或發生退票情事或立書人受第三人假扣押或強執，則本代償債務及視為一次全部到期。

三、若立書人發生前開情事時，○○公司有權聲請拍賣一切擔保品求償。

四、本同意書所定代償債務全部履行完畢後，○○公司有權逕行交付塗銷文件予立書人○○○；對此 XX 企業同意不得以任何理由對抗○○公司。

五、本代償債務之抵銷悉依○○公司之會計作業準則或其相關規定辦理。

此致

○○股份有限公司

立　書　人：○　○　○

身份證字號：H12345678X

住　　　　址：桃園縣龜山鄉○○號

債　務　人：XX企業股份有限公司

法定代理人：A　A　A

住　　　　址：台北市○○路○○號

連　保　人：B　B　B

住　　　　址：台北市○○路○○號

連　保　人：C　C　C

住　　　　址：台北市○○路○○號

連　保　人：D　D　D

住　　　　址：台北市○○路○○號

中華民國　八　十　九　年　X　月　X　日

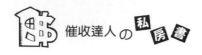

公司以「債務承擔」方式代他人清償債務

　　如公司以「債務承擔」方式（民法第三百條、三百零一條）代他人清償債務，例如乙公司與甲之債權人丙約定，由乙公司代甲清償積欠丙之借款；此等情形，就乙公司之財務影響而言，與為他人保證之情形無殊。保證既為法之所禁，依「舉輕以明重」之法理，責任較重之債務承擔，仍應在公司法第十六條規定之禁止之列（參最高法院九十二年台上字第九一四號判決）。

裁判字號：

92 年台上字第 914 號

裁判要旨：

　　公司法第十六條第一項規定公司除依其他法律或公司章程規定以保證為業務者外，不得為任何保證人，旨在穩定公司財務，用杜公司負責人以公司名義為他人作保而生流弊，倘公司以債務承擔方式代他人清償債務，就公司財務之影響而言，與為他人保證人之情形無殊。保證既為法之所禁，依舉輕以明重之法理，責任較重之債務承擔，仍應在上開規定禁止之列。

擔保品所有權人為公司之法律問題

　　擔保品之所有權人為公司時，此種抵押權設定是有問題的，依據公司法第十六條規定，公司除依其他法律或章程規定得為保證者外，不得為任何保證人。以公司名義擔任債務人之保證人，或提供公司不動產給債權人作抵押設定擔保等，均是保證的一種。

　　因此如擔保品所有權為公司，而公司章程又未規定公司得為他人提供保證者，則公司以其所有不動產提供他人設定抵押權做為他人債物之擔保，此抵押權設定依法均屬無效。對債權人而言，此一設定亦無任何擔保意義。

聲請退回訴訟費用狀

案例說明：對法院聲明撤回訴訟並聲請發還 1/2 訴訟費用

　　債權人與第三人 A 間確認抵押權不存在訴訟，於訴訟期間內兩造達成和解，此時依新修正之民事訴訟法可向法院聲請退還 1/2 之訴訟費用。

法源依據

民事訴訟法第 262 條 I	「原告於判決確定前，得撤回訴之部或一部。但被告以為本案之言詞辯論者，應得其同意。」
民事訴訟法第 262 條 II	規定「訴之撤回應以書狀為之。」
民事訴訟法第 83 條	規定「原告撤回其訴者，訴訟費用由原告負擔。其於第一審言詞辯論終結前撤回者，得於撤回後三個月內聲請對還該審級所繳裁判費用二分之一。」

訴狀範例

狀　別：民事聲請狀

案　號：八十九年度訴字第○○○號　　　股別：○股

聲請人

即原告：○○股份有限公司　（02）2XXX-XXX1　轉法務

法定代理人：○○○　　　均詳卷　　　　分機305

被告：Ｘ　Ｘ　Ｘ

為聲請撤回訴訟事：

　　　緣聲請人與被告○○○間抵押權不存在事件乙案，業經
鈞院以八十九年度訴字第○○○號受理並定期於八十九年
九月五日審理在案。茲因被告等與聲請人已達成和解，故本
案暫無訴訟之必要，為此依據民事訴訟法第二百六十二條第
一項及同條第二項規定，狀請

　　　鈞院鑒核，准予將本案訴訟撤回，並懇請依民事訴訟法第
八十三條規定同意退還原告所繳裁判費二分之一，實感法便。

　　　此　　致

台灣台北地方法院　民事庭　　　　　公鑒

中 華 民 國　八　十　九　年　Ｘ　月　Ｘ　日

　　　　　　　　　具　狀　人：○　○股份有限公司

　　　　　　　　　法定代理人：○　○　○

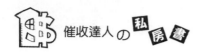催收達人の私房書

訴狀範例

狀　別：民事陳報狀

案　號：八十九年度訴字第○○○號　　　　股別：○股

陳報人

即被告：○○○　　　　　　均詳卷

為陳報同意撤回訴訟事：

　　緣○○股份有限公司與陳報人 XXX 間確認抵押權不存在事件乙案，業經　鈞院以八十九年度訴字第○○○號受理並定期於八十九年九月五日審理在案。茲因原被告雙方已達成和解，故本案暫無訴訟之必要，現原告已依法撤回訴訟，為此依據民事訴訟法第二百六十二條第一項規定，陳報

　　鈞院鑒核，准予原告將本案訴訟撤回，實感法便。

　　此　　致

台灣台北地方法院　民事庭　　　　　公鑒

中 華 民 國　八　十　九　年　X　月　X　日

　　　　　　　　具 狀 人：○　○　○

4　假扣押篇

假扣押流程簡表

債權人具狀聲請假扣押裁定

→法院核准之假扣押裁定（大約遞狀後一週左右）

→向國稅局申請抄錄債務人財產、所得資料

→債權人供擔保、辦妥提存（當場辦即可）

→債權人具狀聲請假扣押執行並繳納費用

→至分案室查明分至何股

→與書記官聯絡執行日期（大致為一週內）

→法院執行假扣押查封或發扣押命令或禁止處分命令

催收達人の私房書

假扣押專論

一、法律英文名詞：

假扣押裁定　Adjudicate of Provisional Seizure

假處分裁定　Adjudicate of Provisional Attachment

假執行裁定　Adjudicate of Enforcement

二、法律性質解釋：

保全程序：〈民訴 523→538〉

〈假→暫時〉為防止債務人脫產／定暫時狀態

1. 假扣押〈金錢〉：約 1/3→全額擔保金；可反擔保

2. 假處分〈非金錢／行為，如袋地通行權〉：擔保金由
   法院裁定；不可反擔保。

三、假扣押執行流程介紹

聲請假扣押裁定〈每份 1000 元〉

→法院核發假扣押裁定（裁全字號）

→向國稅局申請抄錄債務人財產、所得資料（每份 500 元）

→調查財產有無過戶、設押等行為（即有無執行實益）
　／因時間落差

→提存擔保金（法院除現金外尚可接受公債、金融債、
　定存單等）

→聲請假扣押強制執行（聲請狀＆聲請金額之 0.8％執
　行費）

→法院進行查封程序（執全字號）

Q ：行庫會何多半係針對他行擔保品進行假扣押？

A：1.因行庫擔保品抵押權有追及性，不怕移轉或再設押予第三人，故無需另行以假扣押保全該資產。

2.因銀行作業手冊規定，不遵造辦理會被記過。

3.如債務人自行對該物件尋得買主時（即 VS），可取得有利談判地位。EX 先清償部分／徵提擔保品，即撤銷假扣押

4.日後該假扣押標的遭拍賣時，法院會通知假扣押債權人，可於拍定後參與分配，或有分配可能。

◎當前開 4 情況出現時，行庫兼有假扣押債權人／併案債權人身份。

◎假扣押裁定於執行前並不會通知債務人，故如有違約之虞時即可先行聲請假扣押裁定，再視情形決定是否進行假扣押執行。

◎債務人財產已遭他債權人聲請假扣押在案，我方聲請強制執行時可載明「聲請調○年執全字第×號卷宗執行」，法律術語為「調卷執行」，即可省去查封程序，直接進行變價程序。

◎當行庫收到其擔保品遭法院假扣押之通知時，其最高限額抵押權業已確定，其後所再動撥之款項，即不受最高限額抵押權所擔保，而僅有一般債權之地位。

◎如已進行過假扣押執行時，後再進行之本案執行因係同一債權可扣除該已繳納之假扣押執行費用。

催收達人の私房書

民事保全程序事件處理要點

（民國 91 年 12 月 30 日修正）

一、民事保全程序事件之處理，除家事事件之假處分外，適用本要點之規定。

二、地方法院受理假扣押、假處分之聲請，應由執行法官兼辦裁定。其事務較繁之地方法院得指定專人辦理。

三、地方法院應設置收受關於保全程序書狀之人員。收受書狀人員於收受債權人聲請假扣押、假處分之書狀後，應立即轉送辦理分案人員。辦理分案人員應立即分案，送交承辦法官。

四、承辦法官收案後，除須調查或命補正者外，應即裁定；其應調查或命補正者，應儘速辦理後裁定之。

五、前項裁定正本，書記官應迅速送達債權人；如債權人到院領取者，應當場交付之。對於債務人之送達，應與執行同時或事後為之。

六、債權人向本案訴訟繫屬之法院聲請假扣押、假處分者，由本案訴訟之承辦法官裁定之，並準用前三項規定辦理。

七、假扣押、假處分執行事件，除須調查或補正者外，應儘速辦理完畢。

八、關於免為或撤銷假扣押、假處分之裁定或執行，除須調
　　查或補正者外，應儘速辦理完畢。

九、本要點自下達之日起實施。

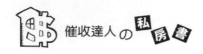

如何辦理擔保提存

壹、提存的原因：

　1. 依法律規定有擔保提存之原因者。

　　　例如民法第三六八條、第九〇五條、第九〇七條，票據法第十九條，民事訴訟法第九十六條、第一〇二條等。

　2. 依法院裁判而為擔保提存者。

　　　例如當事人請求為假扣押、假處分、假執行或請求撤銷假扣押、撤銷假處分、免為假執行，而依法院之裁判提供擔保者。

貳、管轄的法院：

　擔保提存事件，由本案訴訟已繫屬或應繫屬之第一審法院或執行法院提存所辦理之（提存法第五條）。

參、提存的程序：

　1. 提存人應先向本院服務中心購買提存書一式二份（不得以影印本代之），依式逐項填明，並記載聯絡電話，由提存人簽名及蓋章。

　2. 提存人應攜帶民國身分證及印章到提存所辦理，並得委任代理人為之，惟應附具委任狀，記明有民事訴訟法第七十條第一項但書及同條第二項之特別代理權（委任狀亦可向本院服務中心購買）。其受任人應攜帶國民身分證及印章。

　　委任狀應加蓋提存人於提存時使用之同一印章，如印章前後不同，應附具提存人之印鑑證明書或其他足以證明印章真正之文件。

　　提存人如僑居國外，無法親自到場辦理者，代理人應提出經駐外單位簽證屬實之授權書或由僑務委員會所屬單位出具之印鑑證明書代辦提存。

3. 提存人應持同提存書及裁判書正本或影本（如以影本辦理，應記明與正本無異並蓋章）逕向本院服務中心駐院代理國庫之台灣銀行繳納擔保金，取具國庫存款收款書第二通知聯；其擔保品如係有價證券，則取具國庫保管品經收通知書第五聯，再持同上開文件送交提存所辦理。

4. 提存所收到上開文件認為應予提存者，應於提存書載明提存物保管機構名稱、地址、收受日期及收受證明，加蓋「准予提存」章戳及提存所主任簽名章、公印後，一份交由提存人收執，另一份留存。並即制作函片通知民事執行處或有關機構。

5. 填寫提存書時，提存人（含受任人）之姓名、住址、身分證統一編號應與身分證明文件所載相同。

催收達人の私房書

聲請假扣押假處分須知

壹、要件：
1. 假扣押：在本案還沒起訴或起訴後以前，為了確保金錢債權可獲清償，可以向法院聲請假扣押。
2. 假處分：在本案還沒起訴以前，為了防止房屋或土地被賣掉，權利及其他法律關係被變更，可以向法院聲請假處分。
3. 假執行：起訴後判決確定前，如第一審或第二審判決主文有宣告假執行，得提存擔保金以後聲請查封拍賣債務人的財產或返還房屋等，不像假扣押假處分只執行查封而已。

貳、管轄：
必須要打官司的本案管轄法院或假扣押標的所在地之地方法院管轄。

參、聲請：
1. 書寫聲請狀，遞投管轄法院執行處收發室，但已起訴者，則向現受理案件之法院民事庭聲請。
2. 聲請狀向法院服務處購買司法狀紙書寫，要寫明當事人、假扣押、假處分的原因，請求標的金額或價額。

　　扣押的標的為房地產時，應附帶提出公告地價、買賣契約影印本、房屋稅證明，以便核定擔保金額。

3. 釋明請求的原因，並陳明願供擔保，以代釋明之不足。

4. 須繳納聲請費新台幣壹仟元。

肆、裁定：

　　聲請手續及內容齊全時，原則上法院會在三天內裁定並送達。如果文件不齊全，必須補正後才可裁定送達。

伍、執行查封：

1. 提存擔保金：假扣押及假處分的裁定書都會定擔保金的數額，債權人必須在裁定後三十日內先繳納裁定書所指定的擔保金額以後，才可進一步聲請查封債務人財物。

2. 繳納執行費：依聲請執行標的金額繳交千分之八的執行費，但執行標的金額或價額未滿新台幣五千元者免繳。

3. 債權人導引至現場查封扣押。查封完畢即執行完畢，就此結案。

陸、撤銷假扣押、假處分之裁定及撤回假扣押、假處分之執行：

1. 聲請：要撤銷假扣押、假處分的裁定，必須向本院民事庭聲請。要撤回假扣押、假處分的執行，則向民事執行處聲請。

2. 反擔保：債務人可提供反擔保，聲請民事執行處撤銷假扣押之執行。但是有別人併案時，假扣押還不能啟封。關於假處分，原則上不許債務人提供反擔保而撤銷假處分。假執行的反擔保必須在執行標的物拍定、變賣或物之交付前提出來才可以。

3. 限期起訴：債務人的財產被扣押後，可聲請法院民事庭裁定，命債權人限期起訴。如不起訴，債務人就可再聲請民事庭裁定撤銷假扣押或假處分，裁定確定後才向民事執行處聲請啟封。切勿默無反應，任它扣押好幾年，無法處分被扣押的財產，影響自己的權利。

4. 判決確定：債權人勝訴時，可以聲請民事執行處拍賣。如果敗訴時，債務人就要向民事庭聲請裁定撤銷假扣押、假處分，裁定確定後，再向民事執行處聲請塗銷查封登記。

5. 債權人提存擔保金後未能實施查封前和解，要領回所提存的擔保金時，可向民事執行處聲請發給未執行證明，以便向提存所領回擔保金。沒有這個證明書，提存所不准發回擔保金。

6. 假扣押、假處分以後，債務人可隨時與債權人和解，而後由債權人具狀向民事執行處聲請撤回假扣押或假處分之執行，塗銷查封登記。聲請狀上所蓋印章，必須與原來聲請假扣押、假處分的印章相同。如果遺失該印章，則應提出印鑑證明，或者帶身分證親自來民事執行處聲請。債務人無權聲請塗銷查封登記，除非假扣押、假處分已經被民事庭裁定撤銷，債務人才可拿這個撤銷的裁定，聲請塗銷查封登記。

如何辦理取回提存物

壹、取回的原因：

　　提存法第十條第二項後段、第十五條第一項各款、第十六條第一項各款規定。

貳、管轄的法院：

　　即原受理提存事件的法院。

參、取回的程序：

1. 聲請人應先向本院服務中心售狀處購買取回提存物請求書一式二份；如需委任代理人辦理者，亦可向該處購買制式之委任狀，依式逐項填明，並記載聯絡電話，蓋用提存人原辦理提存時同一印章及為同式之簽名。如印章不同或有其他必要情形時，並應提出最近之印鑑證明書；如地址不同者，亦應提出有關證明文件。

2. 附具之文件：

　　　　繳回原提存書，如原提存書遺失，應依照法令規定聲請公告，按公告內容全部刊登六大張類之日報一天，並將報紙送交提存所處理。

　　　　依據左列原因請求取回者，並應分別提出各該規定所需之證明文件：

　　　　以假執行、假扣押、假處分所保全之請求，其本案訴訟已獲全部勝訴判決確定為原因者，應提出各審級判決及確定證明書。

73

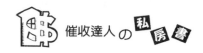

以假扣押、假處分、所保全之請求，其本案已依督促程序所發之支付命令確定為原因者，應提出支付命令及確定證明書。

以假執行、假扣押、假處分所保全之請求，其本案訴訟經和解或調解成立，受擔保利益人應負全部給付義務；或於筆錄內同意返還擔保物為原因者，應提出和解或調解筆錄。

以在假執行、假扣押、假處分執行程序實施前撤回執行之聲請為原因者，應提出由民事執行處發給強制執行程序 實施前撤回執行聲請之證明書或經書記官證明與原本無異之強制執行撤回筆錄影本。

清償提存之受取權人同意返還提存物為原因者，應提出：

受取權人之同意書及其最近三個月內之印鑑證明書，公司並得以登記主管機關核發之三個月內設立（變更）登記事項卡抄錄代替。如為法人或其他團體者，應提出法人或團體證明文件及其代表人或管理人身分資格證明文件。

經書記官證明與原本無異同意取回之執行、調查、言詞辯論等筆錄影本。

提存人偕同受取權人，攜帶國民身分證，親自到提存所製作同意筆錄，並留存其身分證影本。

受取權人之地址與裁判或提存書上所載不同者，應提出有關證明文件。

擔保提存以應供擔保之原因消滅為原因者；或供擔保人證明受擔保利益人同意返還為原因者；或訴訟終結後，供擔保人證明已定二十日以上之期間，催告受擔保利益人行使權利而未行使，或法院依供擔保人之聲請，通知受擔保利益人於一定期間內行使權利並向法院為行使權利之證明而未證明為原因者；應先向民事庭聲請裁定准定返還提存物，俟裁定確定後提出裁定正本及確定證明書。

其他經聲請民事庭裁定准予返還或變換提存物已確定為原因者，應提出裁定正本及確定證明書。

因提存程式不合規定或不應提存，經提存所通知取回提存物者，應提出提存所之通知書。

清償提存之提存人因提存出於錯誤或提存之原因已消滅或指定之受取權人無權受領者，應提出相當確實之證明。

親自取回者，應攜帶國民身分證（經核對後留存其正、背面影本一份）及提存時使用之同一印章；法人或其他團體 者，並應提出法人或團體證明文件及其三個月內之印鑑證明書與其代表人或管理人身分資格證明文件。公司並得以登記主管機關核發之三個月內設立（變更）登記事項卡抄錄代替。法人經解散、撤銷登記者，應附具清算人證明文件或清算人就任聲報資料。必要時法院提存所亦得依職權調查之。

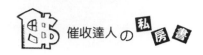

　　委任代理人聲請取回，應附委任狀，記明有民事訴訟法第七十條第一項但書及同條第二項之特別代理權。委任狀應加蓋提存人於提存時使用之同一印章；如印章前後不同，應附具提存人最近之印鑑證明書或其他足以證明印章真正之文件。受任人應攜帶國民身分證（經核對後留存其正、背面影本一份）、印章。

　　僑居國外提存人請求取回者，如本人無法親自到場，應提出最近三個月內，經駐外單位簽證屬實並載明授權取回提存物要旨之特別授權書，或由僑務委員會所屬單位出具之最近三個月內印鑑證明書持同委任狀委託他人辦理。其受任人應攜帶國民身分證（經核對後留存其正、背面影本一份）、印章。

　　委任他人提領提存物一律附具提存人最近三個月內之印鑑證明書；公司並得以登記主管機關核發之三個月內設立（變更）登記事項卡抄錄代替。

　　由提存人之繼承人請求取回者，應提出全戶戶籍謄本、繼承系統表或其他足以證明其為合法繼承人之文件。

3. 提存所收到上開文件，認為合於取回程序者，應即掛號分案，發給聲請人收狀收據，並告知簽領「取回提存物請求書」之日期及應攜帶之文件。聲請不合程式或所提出文件如有欠缺、錯誤情形，提存所應當場或書面通知其限期補正。

4. 取回提存物之聲請，經複審通過者，應於取回提存物請求書上載明日期，並加蓋「准予取回」章戳及提存所主

任簽名章、公印後交由聲請人簽領，憑以向本院出納室領取國庫存款收款書代存單或保管品寄存證，並持往代理國庫之台灣銀行或中央銀行具領提存物。

5. 聲請人於受告知之期日未獲發給「取回提存物請求書」或未克來院簽領「取回提存物請求書」者，均得向該所查明原因或另行約定來院簽領日期。

6. 填寫取回提存物請求書時，聲請人（含受任人）之姓名、住址、身分證統一編號應與身分證明文件所載相同。

肆、聲請取回提存物的期限：

1. 清償提存之提存人聲請取回提存物，應自提存之翌日起十年內為之，逾期其提存物屬於國庫。

2. 擔保提存之提存人聲請取回提存物，應於供擔保之原因消滅後五年內為之，逾期其提存物屬於國庫。

3. 因提存程式不合規定或不應提存，經提存所通知取回提存物，逾十年不取回者，其提存物屬於國庫。

伍、異議及抗告：

1. 當事人或利害關係人對於提存所之處分，如有不服，得於處分通知書送達當事人翌日起十日內，提出異議。

2. 對於法院就異議所為之裁定不服者，應於裁定正本送達十日之不變期間內提起抗告（抗告狀應向為裁定之原法院提出），但不得再抗告。

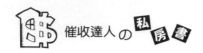

取回提存同意書

同　意　書

　　茲同意○○股份有限公司取回　　　　　　　年度存
第　　　　號（即　　年度裁全字第　　　　號假扣押裁
定）為假扣押供擔保之擔保金新台幣　　　　元整。
　　　此　　　致
台灣　　　地方法院提存所

　　　　　　　　　　　　　立　書　人：
　　　　　　　　　　　　　法定代理人：

中　華　民　國　　　　年　　　月　　　日

假扣押執行費扣除 Q

問題要旨：

同債權取得不同之執行名義，前後聲請強制執行，前按以繳執行費，且執行程序業已終結，嗣又以另執行名義聲請強制執行，應否再繳費？

法律問題：

債權人以拍賣抵押物裁定聲請拍賣抵押物強制執行，並已按其債權額繳足執行費，因僅獲部分受償，乃於執行程序終結後，就未能受償之同一債權，另以支付命令為執行名義，聲請強制執行，是否需再繳納執行費用？

討論意見：

甲說：同一債權，取得不同之執行名義，前後聲請強制執行，前按以繳直行費，並已執行程序終結。嗣又以另一執行名義聲請強制執行，因執行名義不同，性質上屬另一執行程序之進行，自應再繳納執行費。（參考 70.1.5（70）廳民二字第〇〇四號函）

乙說：按強制執行係以實現債權人之權利為目的，故強制執行法第二十八條之二明定，關於財產權之執行，應按債權人請求實現之權利金額或價額計徵執行費。同一債權雖前後以不同執行名義聲請強制執行，但請求實現之債權則同

一，自無庸重複計徵執行費。（參考司法院大法官會議解釋釋字第 136 號解釋意旨）

三研討結論：

採乙說。

（摘自司法院司法業務研究會第三十七期研究專輯）

司法院大法官會議解釋釋字第 136 號

解釋文：

　　假扣押假處分之執行，得依民事訴訟費用法第二十三條之規定，征收執行費，於本案確定執行征收執行費時，予以扣除。本院院解字第三九九一號解釋應予變更。

理由書：

　　按假扣押，假處分之執行，均為民事強制執行之一種，民事訴訟費用法第二十三條關於征收執行費之規定，自亦有其適用。本院院解字第三九九一號解釋認為假扣押、假處分之執行，無須征收執行費者，當以本案將來判決確定或和解成立執行時，既須征收執行費，則在此等保全程序之執行，自無須先行征收為理由。然若聲請人以後不依據本案判決聲請執行，或其本訴被駁回時，則此項執行費即再無征收之機會，與上開法條不合。自以在保全程序執行中，得命繳納，於本案確定執行征收執行費時，予以扣除，較為平允。上開解釋與此見解有異部分，應予變更。

假扣押催告函

（請以存證信函方式寄出）

敬啟者：

查我方○○○與　台端因債權債務關係，前經我方提供新台幣○○萬元為假扣押之擔保後，將台端所有之不動產假扣押執行在案，現因　台端已清償全部借款，我方亦已撤回假扣押執行在案，　現以此函催告　台端請於函到二十天內就前開假扣押受有損害部分向我方主張權利，若逾期不行使權利，我方將依法聲請法院裁定返還假扣押擔保金，特此函知。

最高法院 70 年度第 17 次民事庭會議決定

決議要旨：

訴訟終結後，受擔保利益人，逾民事訴訟法第一百零四條第一項第二款二十日以上之期間而未行使其權利時，若在供擔保人向法院為返還提存物或保證書之聲請之後，始行使其權利者，仍應認為受擔保利益人未在前開期間內行使其權利。

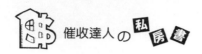
催收達人の私房書

針對工程款假扣押執行聲請狀

民事　假扣押執行聲請狀

　　　　　　　　　　訴訟標的金額：新台幣〇〇萬零仟零佰零拾零元整

聲請人（即債權人）〇〇股份有限公司　設台北市中山北路〇
　　　　　　　　　　　　　　　　　　段〇號〇樓
法定代理人　　　　許〇〇　　　　　　設同右
送達代收人　　　　董〇〇　　　　　　台北市中山北路
　　　　　　　　　　　　　　　　　　〇段〇號〇樓（111）
　　　　　　　　　　　　　　　　　　（02）28340000｜XX

相對人（即債務人）XX 有限公司　　　設台南市青年路〇巷
　　　　　　　　　　　　　　　　　　〇號
法定代理人　　　　林〇〇　　　　　　住同右
第三人　　　　　　〇〇大學　　　　　設高雄市楠梓區〇〇
　　　　　　　　　　　　　　　　　　路〇號

為聲請假扣押之強制執行事：

一、按聲請人與債務人 XX 有限公司間之假扣押事件（台灣
　　高雄地方法院九十一年度裁全字第〇〇號裁定，見證
　　一），聲請人業已向　鈞院提存所辦妥提存在案（案號：
　　九十一年度存字第　　號，見證二）。

二、聲請假扣押之標的：

　　　　債務人ＸＸ有限公司於第三人「○○大學」處之工
程款債權、工程保證金等（不論該等債權是否附有條件
或期限，均呈請先予扣押）。

　　　　為保全聲請人之債權並維權益，呈請　鈞院就上開
標的於本案債權即新台幣一，六一一，三○二元之範圍
內迅予假扣押，實感德便。

三、囑託執行之請求：

　　　　由於部分第三人之營業地址並非位於　鈞院轄區
之內，為此煩請　鈞院依「強制執行法第七條第四款」
之規定，囑託所屬管轄法院針對上項請求予以執行。

　　　謹　　狀

台灣新竹地方法院民事執行處　　　公鑒

證物一、鈞院九十一年度裁全字第六六八號裁定書影本乙紙。
證物二、提存書影本乙紙。

附件一、經濟部商業司網站下載之公司基本資料二份。

中　華　民　國　　九　十　一　　年　　　月　　　日

　　　　　　　具　狀　人：○　○股份有限公司
　　　　　　　法定代理人　許　○　○

針對工程款假扣押聲請續行執行狀

民事　續行扣押聲請狀　　　　　　　承辦股別　　賢　　股

案號：　　九十一年度執全字第○○號

訴訟標的金額：新台幣　壹佰陸拾壹萬

壹仟參佰零拾貳元整

聲請人（即債權人）○○股份有限公司　設台北市中山北路○

段○號○樓

法定代理人　　　　許○○　　　　　　住同右

送達代收人　　　　董○○　　　　　　台北市中山北路○

段○號○樓

（02）28340000｜xxx

相對人（即債務人）○○科技股份有限公司

設台中縣大雅鄉○○路○號

（即○○重工股份有限公司）

（台中縣大里市○○路○○巷○號）

法定代理人　　　　陳○○　　　　　　住同右

第三人　　　　　　工業技術研究院　　設新竹縣竹東鎮○

○路○號

（機械工業研究所）住同右

法定代理人　　　　史欽泰

84

第三人　　○○工業股份有限公司　　設彰化縣福興鄉○
　　　　　　　　　　　　　　　　　○路○號

法定代理人　　　　許○○　　　　　住同右

　　為對第三人「○○工業股份有限公司」及「工業技術研
究院」聲明異議之內容陳述意見暨聲請續行執行事：

一、查債權人日前供擔保具狀聲請　鈞院將債務人聯捷科
　　技股份有限公司（前稱「○○重工股份有限公司」，觀
　　其統編均為八四八八一八一七，可知係為同一法人主
　　體）對第三人「工業技術研究院」及「○○工業股份有
　　限公司」之工程款債權，於新台幣一百六十一萬一千三
　　百零二元整之範圍內予以假扣押。

二、然於近日接獲　鈞院關於第三人「○○工業股份有限公
　　司」及「工業技術研究院」聲明異議之通知，聲請人茲
　　就該聲明異議之內容陳述意見如下：

　（一）第三人「元成工業股份有限公司」部分：

　　　　　　該第三人於訴狀上表示，確係尚有八十二萬八
　　　　千四百五十元之工程尾款尚未給付，然因其交易對
　　　　象為「○○重工股份有限公司」而非「○○科技股
　　　　份有限公司」，故認為聲請人之扣押聲請實屬無據。

　　　　　　惟查，如前所述，「○○科技股份有限公司」
　　　　係為「○○重工股份有限公司」更名後之公司名
　　　　稱，與「○○重工股份有限公司」實為同一法人主
　　　　體，故第三人聲明異議之理由並不足取。

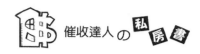催收達人の私房書

（二）第三人「工業技術研究院」部分：

　　　　　該第三人於訴狀上表示，工程餘款尚有一百八
　　　十五萬八千五百元（即自動倉儲設備採購案工程款
　　　百分之三十），然因債務人○○科技股份有限公司
　　　尚未完成驗收之工作，故第三人工業技術研究院尚
　　　未有給付餘款之義務，且第三人擬與債務人辦理現
　　　況結案，並自行完成債務人未完成之工作，故無從
　　　遵辦本件扣押命令。

　　總括而言，該第三人異議之理由不脫以下二點：1該工
程餘款債權之付款條件未成就2第三人擬辦理現況結案，故
在結算前，該執行名義所載之金額（即得予假扣押之金額）
尚存爭議。

　　然觀諸強制執行法第一百一十五條第三項：「金錢債權
因附有條件、期限、對待給付或其他事……執行法院得依聲
請，準用對於動產執行之規定拍賣或變賣之。」自是而言，
就附有條件或期限等事由之金錢債權，當然仍可為扣押執行
之標的；至於假扣押金額未定之問題，則請　鈞院改發扣押
命令為：「就自動倉儲設備採購案現況結案並經結算後之工
程餘款予以扣押，禁止債務人為收取或其他處分，第三人工
業技術研究院亦不得對債務人清償。」

三、綜上所陳，狀請　鈞院鑒核，續行本件假扣押強制執行
　　事並准將扣押範圍修改如下，另速通知第三人「○○工
　　業股份有限公司」、「工業技術研究院」，俾利保全，
　　實為法便：

（一）債務人○○科技股份有限公司於第三人「○○工業
　　　股份有限公司」處之工程款債權計八十二萬八千四
　　　百五十元整。

（二）債務人○○科技股份有限公司於第三人「工業技術
　　　研究院（機械工業研究所）」處之辦理現況結案後
　　　結餘之工程款債權。

　　　謹狀

附件一、支票退票理由單影本乙紙。

附件二、公司基本資料乙份。

台灣新竹地方法院民事執行處　　　　公鑒

中　華　民　國　　九　十　一　　年　　月　　日

　　　　　　　　具　狀　人：○　○股份有限公司

　　　　　　　　法定代理人：許　○　○

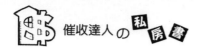
催收達人の私房書

5 執行篇

查封專案行動企畫書

「○○查封專案」行動計畫表

一、查封標的公司：○○股份有限公司

查封標的物：○○股份有限公司○○廠動產機器設備

執行案號；○○年度執字第○○○號股○

二、同仁集合時間：○○年○月○日○時於○處大門前

（基本裝備：帽子、長褲、並請戴防風砂之太陽眼鏡）

三、聯絡窗口：經辦 AO ×××TEL：09123456789

四、查封區域說明：

共分為五區，明細如下：

第一區： 辦公室及物料倉庫共二區:物料倉庫區之鐵捲門打不開，惟側邊鐵門可以利用工具撬開。

第二區： ○○區－均為木箱，擬就地拆箱至足以辨識設備名稱。

第三區： ○○區，小部分設備拆封，大部分未拆封，另有○件大型船運之貨櫃箱。

第四區： 辦公室後方：均為大型貨櫃箱，且散落於戶
外，拆箱確認物品後，應使用防水帆布覆蓋並
打樁及利用繩索固定，以免風雨侵蝕。

第五區： ○○區：約○箱有幾箱特別大，原則上以使用
防水帆布蓋為主，另使用的機器設備承載重量
應適用，已請包商事前評估。

五、行動說明：

A、 物品拆箱之難易度已請承包商事前評估，並要求包商
拆箱人員一定要專業，希望拆完後能回復原狀並加裝
簡易門，以利未來洽買主處分期間能維護設備完整
性，故現場應有指揮人員充分掌握。

B、 欲使用之機器設備是否能於廠區內地形運轉請事先
確認。

C、 大型鐵櫃拆箱請先確認如何進行？

六、其他問題研究：

A、 若可分區作業，以一工程師搭配二法務人員進行設備
之辨識造冊及標籤之張貼、設備照相存證。

B、 若下雨天如何進行？結論：雨天改以室內設備拆箱
為主。

C、 現場執行動線將於○月○日現場作最後確認。

D、 尚需使用之物品：識別證、水、急救箱、面紙、防蟲
液、手套、噴漆、電池、對講機、麥克筆、相機、底
片、膠帶、雙面膠、塑膠雨衣、手電筒及標籤等。

聲請民事強制執行須知

壹、前提要件：

一、管轄：要執行的財產必須在法院轄區內，才可以向該法院聲請強制執行。

二、要提出下列任一項執行名義的文件：

1. 判決書及其確定證明書。

2. 准予假執行之判決書或准予假扣押、假處分之裁定書。

3. 訴訟上成立的和解或調解書。

4. 公證書（載明可以逕受強制執行者）。

5. 拍賣抵押物或質物的裁定書以及抵押權設定契約書、他項權利證明書、借據或本票、支票。

6. 其他依法律規定，可以強制執行的文件，如支付命令及其確定證明書。

貳、程序：

1. 書寫強制執行聲請狀：司法狀紙可向法院聯合服務處購買。書狀中必須寫明聲請人及債務人現在的住居所，使自己及債務人能收到通知，不要寫空的戶籍地住所。如果無法收到通知，還要進一步查明現在住居所，以便送達。書狀中寫上債權人的電話更好，以便緊急聯繫之用。書狀中要說明聲請強制執行的意旨以及債權數額。

2. 要附送執行名義的文件正本。

3. 繳納執行費：執行費是債權額的千分之八，但執行標的金額或價額未滿新台幣五千元者免繳執行費。繳納處所在法院收費處，取得繳款收據。

4. 上列手續辦好後，要將聲請狀、執行名義的文件、執行費收據以及郵票，一併送法院收發室即可。

5. 所要查封拍賣的債務人財產，其產權證明文件要附在聲請狀中提出來。以後還要導引執行人員到現場查封。

6. 查封以後，民事執行處會委託不動產鑑價公司或建築師鑑價（編有輪次表），有時也會委託信用可靠的法人鑑價。債權人要先繳鑑價費用。鑑價費也是執行費之一，將來優先受償。債權人及債務人對於此項鑑價可以表示意見，但僅供法官參考，法官會酌量各種情況定底價。

7. 拍賣日期一定會事先公告於法院公告欄及刊登報紙。刊登報紙必須債權人先出錢刊登，登報費也是執行費之一，將來優先受償。債權人最好刊登於銷路廣大的日報上，使更多人知道前來投標。

8. 拍賣時會公告底價及保證金。投標人應於規定開標時間前，用現金（限新台幣五萬元以下）或同額之台灣各地金融機構（含農、漁會、信用合作社、郵局）以各該高雄分支機構（即高雄市票據交換所轄區內之各金融機構）為付款人，並指定受款人為「台灣高雄地方法院」之「劃線 支票」放入保證金封存袋，（保

證金封存袋及投標書用紙存放於售狀處免費索取。使用影印者概不予受理）連同標單投入票匭，由出價最高者得標。得標者必須在一星期內繳足價金，否則保證金要沒收，將來再開標時，低於此價，還要賠償差額。

9.拍定後如果有優先購買權人，則暫緩繳款，要先詢問優先購買權人是否願 意以此價格購買，如果願意，就必須由他購買，拍定人不能承購而應領回保證金。優先購買權人如果不願意承購，才由得標人承購。

參、債權人主導及協力：

1.民事強制執行的主導人是債權人，法院只是介入公權力，以完成保障債權人的財產權為目的。因此執行程序中，在在需要債權人導引並協力。切勿以為法院應該包辦一切執行程序，置身事外。

2.債權人所主導的主要事項為查報債務人財產及其使用狀況，如有無出租，出租情況，查封時要導引至現場，陳報債務人地址，如無法送達，要提出債務人戶籍謄本。

3.外出執行時，法院執行人員一概乘坐法院的公務車，債權人不必另雇車輛或負擔交通費。

4.在執行程序進行中，債務人只要與債權人和解，由債權人撤回執行，就可 終結強制執行程序。如以書狀撤回者，應注意撤回狀上所蓋印章必須與原來強制執行聲請狀相同，否則應附送印鑑證明書或親自前來民事執行處聲請撤回，由書記官記明筆錄。

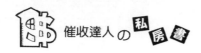

5. 不動產的拍賣，每股都將當天所要拍賣的案件，同時投標，且集中投入同一標匭。任何人都不知道何人投何標，標價若干。又當場開標，馬上決定各筆得標人，當場影印標單公告之。任何人都無法圍標、壟斷或勾結。

強制執行實例簡介

一、強制執行之發動

    1.提出強制執行聲請狀，其上記明債權人及債務人之姓名及住居所，聲請強制執行之原因及理由，以及執行標的或執行標的物等。（如有特殊考量最好於狀上一併聲請：EX 聲請地政機關測量、因保存不易聲請直接變賣、夜間執行）

    2.檢附有關執行名義之證明文件。

    3.繳納執行費。（0.8%）

二、強制執行前之準備

    1.何時拜訪→前天／當天

    2.先行確認標的物→EX 停車位編號、機械位置（噴漆）

    →有無人居住、是否會開門（鎖匠）

    →是否自住、出租

    →外觀上有無增建（需否測量）

    →有無通路以供搬遷

    →有無拆遷特殊考量（回復原狀）

    3.先與債務人磋商→徵提擔保品／達成協議

    A 延期清償（展期）。

    B 徵提擔保品／人。

    C 代位清償。

D 債權／應收帳款讓與。

E 同意取回標的物。

F 抵銷（大多指金融業扣存款帳戶）。

　　→聲請暫緩／撤回執行→核發債證結案

　　→是否斷水、斷電（需自行準備照明及電力設備）

　　→對方有無誠意解決（研判是否會變卦）

4.磋商時可察看可供執行財產→EX 有無保險箱、錦鯉

　　→EX 債務人配戴 ROLEX

5.執行標的物究否為動產→是否需搬遷

　　　　不動產→聲請測量〈土地、增建〉

6.預先安排法院會合點（最好距債務人處所不遠且目標明顯）

7.債務人如有脫產可能時，可僱請保全人員看守

三、執行計畫

1.人員（安全及威嚇作用、黑白臉→可在最後一刻協議）、車輛

2.有無需特殊器材（如噴漆等）

3.有無需專家配合（如特殊財產等）

4.天候考量（如電子器材不能淋雨）

5.如已有買主時，最好以當場點交方式進行交易

6.先行找好鎖匠／搬家公司（如達成協議時費用由債務人支付）／存放處所

7.有無配合作業軟體（光碟、作業手冊）

8.特殊考量：

　　A 債務人有無積欠地下錢莊款項〈趁對方未出面阻攔
　　　時先行搬遷〉
　　B 如雞隻執行時因保存不易聲請直接變賣
四、強制執行
　　1.攜帶委任狀報到（未報到二次視同撤回）
　　2.告知會合點（最好以繪圖方式表示）
　　3.跟書記官要手機電話以便聯絡
　　4.ASK 案件排定時程及會合時間
　　5.通知警察到場（需準備誤餐費及簽收單）
五、如何扮演好稱職催收人員角色
　　1.釐清本案催收重點所在，即如何才能讓對造感到痛、
　　　促使其還債。→與 AO 討論／看徵信 CA
　　2.釐清對造倒債的原因，確認其惡意／經營不善。
　　3.熟知各種強執技巧、據理力爭（如併付拍賣、載明筆
　　　錄）
　　4.多方嘗試、吸收新資訊

查封電腦時，是否可以「有減少價值之虞」為由，聲請將查封物變賣？

按強制執行法第 60 條 I 規定：查封物應公開拍賣之。但有左列情形之一者，執行法院得不經拍賣程序，將查封物變賣之：一、債權人及債務人聲請或對於查封物之價格為協議者。二、有易於腐壞之性質者，三、有減少價值之虞者。四、為金銀物品或市價之物品者。五、保管困難或需費過鉅者。

其中「有減少價值之虞者」究係何指，學者或謂指季節性或流行性強之物品，如未即時賣出價值將顯著減少者，如耶誕飾品；或認為指易於消散或非迅速處分即有顯著貶值之虞者，如年貨、冰塊、香水等：電腦為高科技電子產品因持續研發、進步迅速，每一代新產品問世，舊機型功能或處理速度不及新產品價格即陡降，故是否得以「季節性或流行性強，需即時出售」或「非迅速處分即有顯著貶值之虞」為由聲請法院變賣，應由法院就該電腦之具體情形依職權決定之。

對電腦設備之執行

一、對電腦硬體設備應適用對於動產執行程序執行之，對於
電腦軟體則依對於其他財產權執行程序執行之。

二、機械上之電腦，已成為機械之一部分，若分離將造成機
械無法運作時，應與機械一併查封並交由同一人保管。

三、電腦內之資料，若屬第三人所有，宜徵詢債權人同意
後，准許第三人將上開資料予以儲存取走或將電腦設備
連同其內資料交債務人保管。

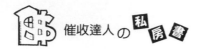

特殊動產的執行（一）

一、已發行經簽證之股份有限公司股票之執行

   1.股份有限公司已否發行股票不明者，應命債權人查明陳報已否發行股票或依職權函主管機關查詢。

   2.已上市、上櫃之股份有限公司之集中保管股票，債權人如未能提供債務人係於何家證券公司買賣股票時，可函請台灣證券集中保管股份有限公司查明後，向該第三人證券公司發扣押令。

   3.非集中保管之股票，可至債務人可能存放股票之處所為查封扣押，或命債務人交出。債務人不遵命交出而可認有隱匿或處分之情事者，得依本法 22 I -3/22 II 為拘提管收。

   4.執行人員未能實際將股票查封，則無從繼續執行鑑價拍賣。如已將股票查封，則可為鑑價拍賣。查封之股票係已上市或上櫃者，應委託證券經紀商變賣之；如係未上市、上櫃者，則由法院依動產拍賣程序辦理。

   5.股票經拍定交付拍定人後，執行程序即為終結，與對有限公司股東出資之執行程序不同，執行法院無需通知主管機關就該公司章程內股東姓名、住居所、出資額逐為變更登記。

二、銀行定期存單執行

　　此與前述股票之執行同，如係可轉讓定期存單，需實際扣押占有該等有價證券後，始得拍賣。但如存單係不可轉讓，則其性質僅係定期存款之憑證，應依本法 115 條對於其他財產權之執行程序處理（高院 73 年法律座談會民執類第 11 號）

三、公債之執行

　　1.對實體公債之執行與前述對股票之執行同，需實際扣押占有債券後，始得拍賣。

　　2.對無實體公債（即中央登錄債券）之執行，依本法 115 I 規定對該債券登錄之代理國庫銀行核發扣押命令，再函請代理國庫銀行將債券變現解交執行法院。其作業程序參考中央登錄公債作業要點。

四、查封之有價證券，執行法院認為適當時，得不經拍賣程序，準用 115 至 117 條規定處理之。（強 60 之 1）

五、債務人投資共同基金取得之「信託憑證」，非屬有價證券，應依本法第 115 條之規定辦理。

六、置於銀行保管箱內貴重物品之執行

　　1.保管箱內之貴重物品仍屬動產，而查封動產時應作成查封筆錄，記載動產所在地、種類、數量品、質等事項，自應將保管箱開啟將其內物品查封，不得僅將封條貼於保管箱外。（強 54）

　　2.銀行保管箱係債務人所承租，執行法院自得加以檢查、啟視。又查封本旨即帶有強制性質，執行法院得

命銀行交出鑰匙開啟或請專家開啟，均無不可（高院
73 年法律座談會民執類 19 號）

七、百貨公司、五金行、雜貨店、超級市場等之執行

債務人如經營百貨商店等，而債權人請求貴該行號內物
品為執行時，應命債權人備妥大型紙箱、車輛等，於查封時
命債權人將同型物品分別一一裝箱封口，封條註明每箱查封
物品之種類、數量等，交債權人或債務人保管後再予定期拍
賣，如為易腐敗之食物等，可依市價當場變賣。商號收銀機
或抽屜內之現金，如無參與分配者，亦得當場點清交付債權
人簽收，並記明查封筆錄。

八、豬牛羊牲畜之執行

1.債權人請求查封債務人所有之豬牛羊等家畜為執行
時，應命債權人備妥烙印、車輛等。查封時如債務人
願飼養保管，得交付債務人保管，以烙印方式烙於豬
牛羊身體，或命債務人將牲畜集中圈圍，封條載明牲
畜種類、數量等後黏貼於圈圍之處所。

2.債務人如不願飼養保管，債權人飼養保管又有事實上
困難不便時，執行人員得勸諭或依職權不經拍賣程序
予以變賣。尤以假扣押執行時，為免遷延時日更生糾
紛，尤應訊與拍賣或變賣提存價金。？如查封數量不
多，可事先只是債權人於查封日帶同商販到場，並備
妥當日該牲畜市價之資料，以便查封後即在現場實施
變賣。（強 134）

3.查封之牲畜數量甚多時，得發函委請當地農會或家畜市場實施變賣。執行人員宜先備妥裝載車輛技術工人以便運送入場拍賣，並應始終在場處理監督。

九、雞鴨等家禽及魚蝦蔬果之執行

1.與上項執行方法同，可委請當地農會、合作社、家畜市場、魚蝦批發市場、果菜市場為拍賣，或直接邀集商販依當日市價於查封現場變賣。

2.查封之雞鴨甚多時，固無法逐一標封，惟放置特定鴨寮，加以蓋有法院大印之風調，亦不失為法定之標封。

十、蘭花、盆栽等植物之執行

1.查封種類之蘭花盆栽因需相當技術，移由債務人繼續種植保管。惟為避免遭調換，除命其出具保管切結外，應詳為載明查封之種類、數目、植物特徵等，並予以拍照存卷。

2.如債務人不願種植，債權人亦無法種植，可視情形逕予送至轄區內之花卉市場拍賣（可先與當地農會、國蘭協會等聯繫準備拍賣事宜）；獲戰先指定債務人為保管人，將查封之花卉留置現場，回院後立即函請國蘭協會或專門人員至現場鑑價並囑債權人角鑑價費用後，依職權予以變賣；或委請國蘭協會、花卉市場等為拍賣。

催收達人の私房書

特殊動產的執行方式（二）

一、股份有限公司股東的股份

如果債務人在某股份有限公司有股東的身分，那麼就算他是人頭，在法律上仍認為這個債務人是有合法股權的，常有當事人認為是該公司的人頭，沒錢可分於是放棄追索，這是不正確的觀念。但對債務人持有的股份作強制執行，執行的方法因債務人公司有沒有發行股票而有不同。

如果有發行股票的話，不管係記名或無記名股票都是一種有價證券，適用對動產執行程序。如果沒有發行股票，那麼債務人的股份是代表股東對公司的權利，是一種財產權，執行程序與對有限公司股東出資執行相同。

二、票據與定期存單

票據與定存單也是一種有價證券，具有財產上的價值，執行時必須占有後才能拍賣。要注意的是，有些定存單係不能轉讓，那麼只是一種證明定期存款的憑證，就不能適用對動產執行方法。

三、保險箱中之貴重物品

債務人常將貴重物品藏在銀行保管箱中，或放在家中保險櫃裡這些物品也可以查封但要注意下列事項：1.債務人如果不在場，或者不肯交出鑰匙時，應將保管箱整個查封，封

條要注意，要把鑰匙即可活動的邊緣都貼到，2.查封筆錄在能開啟時，要詳細記載在何處封的，所查封物品的種類、數量、品質、堪用度等。3.在債務人家中的保險櫃，最好將其搬回自行保管。4.法院在無法開保管箱的情形下，回院後會發函債務人交出鑰匙，或要求債權人找技術人員會同清點箱內物品，由於債務人較不願配合因此後者較為妥當。

四、陳列商品的執行

　　當債務人開設商店、超市等店面時，債權人也可以請求查封這些物品，此些要注意最好多買些大的紙箱備用，查封當天把同型商品封箱打包後貼封條。

五、牲畜的執行

　　碰上債務人係從事養殖豬、羊等時，在查封時的注意事項：1.先準備堅固的器材籠具，2.數量大時可先租用其同類農場，查封當天自行用車將查封牲畜運到租用農場，3.有時法院會將整批牲畜都查封時，會命債務人準備一間牲畜用的宿舍，但此時記得要派人自行看管，4.最好自行準備磅秤，可行的話將重量註明在筆錄上，比只記明查封幾隻完善多了，5.如果債權人無法飼養保管，而債務人又不願養「別人的東西」，可以直接聲請法院以變賣方式進行變現，6.變賣時如果牲畜數量不多，可於查封日帶買主一起到現場，並準備當日報紙（上面有當日牲畜市價表那種），可供法官參考直接當場變現金。

 催收達人の私房書

六、對植物的執行

有些蘭花或者造景玩賞植物價值甚高，但要注意此種「植物」是指並非直接栽種於土地之上，如直接種植於土地則為定著物適用不動產執行程序，在執行植物時注意點為：1.封條要封在容器可開啟的地方，不要貼在花盆上，避免被調包，2.對查封的植物，最好能用有日期紀錄的照相機拍照存證，3.拍賣時可以直接接洽當地農會或是國蘭協會等組織，比較容易出現較高拍賣價格，4.盡可能要求法院直接變賣價金，因為如果養死蘭花就沒戲唱了。

七、家禽、蔬果、魚類的執行

這類農漁牧物件的執行方式與第五項差不多，一般都要先委託農會、合作社出名來造清單，然後到法院轄區的拍賣市場拍賣，債權人也可自行找同行商販購買，但要準備拍賣當日報紙提供市價備法院參考。

八、保稅商品的執行

所謂保稅商品係指國外貨物進口後尚未報關稅前，暫存置放於海關規定的「保稅區域」，由海關監督管理，在尚未報稅處理前不得自由處理。在查封此類物品時，最好在聲請執行時向法院聲明係要查封債務人於某個保稅區域內儲放物品，請法院預先發函給海關，請海關派員會同查封。保稅區域包括：科學園區、加工出口區、貨棧、保稅倉庫、保稅工廠。

九、寵物的執行

特別需要注意的是要先占有，絕不可以將寵物寄留在債務人家中。

強制執行應行注意事項

◎ 如強制執行取回標的物時，應先行注意 1.拆卸 2.搬運 3.運送 4.倉儲及 5.買賣等問題；對本公司而言最好的方式為當場點交，以現狀點交的方式本公司即不用再負擔其他費用。（但須注意 TAX 的 Q）

◎ 強制執行前最好能先行至現場確認標的物所在，及會同協力廠商瞭解需要何種搬運器材以及腳路等問題。

◎ 如該工廠已斷水斷電時應先行告知協力廠商，俾便其先行準備照明設備及發電設備；但有時須注意是否有須先行函請台電斷電才能執行的 Q。

◎ 強制執行時最好原承作 A○能會同到現場，因其最瞭解標的物的所在，能有效縮短與書記官清點標的物的時間。

◎ 拆卸時，應注意本公司協力廠商是否有完善能力，以大震科技案為例：因該案標的物十分精密，因此在拆卸時請銪德科技幫忙。

◎ 搬運時，應注意現場調度及應變能力，以○○企業為例如須長時間搬運時最好能請協力廠商先清點完部份即先開始搬運，因一旦開始搬運後，對造的對抗意志會迅速消失，且會儘速開始與我方協商。

◎ 運送時，應注意是否有須特殊運送方式，以大震科技案為例：因該案標的物為精密器材不能淋到雨，而執行當日為下細雨天氣，因此應特別準備防水雨布等材料。

◎ 倉儲時，如要入庫前最好能與倉庫先行聯絡以便確認是否有空間，但最好不要先行告知坪數，而以實際坪數為準；以全鄉實業為例，該案係以他公司處為免費倉儲地點。且應以路程的遠近決定倉庫，因會帶有意購買者去看貨，有時甚或有 Double　Finance 的問題需要釐清。

◎ 如有須先行開鎖進入的 Q，不要在書記官及員警前說出換鎖以利進出，但可私下進行，執行結束後再行換回。

◎ 如開始僅聲請執行部份標的物，後於當場聲請追加執行標的時，應注意是否應追繳執行費用的 Q，如初估費用甚鉅，為免法院不繳費即不予執行的困境，最好先行申請費用以利執行。

◎ 強執取回標的物時，執行費用一般係以標的物現值（即扣除折舊後）計算，但在○○企業案，書記官同意我方以實際債權額計算執行費用。

◎ 在南部執行時，如對方要求暫緩或改日執行時應特別小心評估，因下次執行時可能會有意外困擾的 Q。

儲蓄險保單,是否會成為假扣押
或強制執行的標的?

<問題>

 因為名下有躉繳型(一次繳清)的儲蓄險保單,這類保單是否會成為假扣押,或是國稅局提供財產清單以後,供強制執行的標的?因為本人及家人曾遭人偽簽本票,為了防患於未然,儲蓄型的保險單可否具隱藏資產的效益?儲蓄型保單屬於生死合險,故生存時的受益人是本人,如此,也會被國稅局提供做扣押或強制執行的標的嗎?保險單我單獨置於其他的地方,對方沒有的保單,也能執行嗎?

<解答>

1. 因為是儲蓄險保單,屬於契約給付,除非其紅利有報稅而被國稅局知悉,否則這類保單是不會在國稅局提供財產清單內的。

2. 如果毋庸繳稅,這類儲蓄型的保險單具隱藏資產的效益的,但是只能說這是保險的副作用。

3. 因為保單必須保險事故發生時才會出險,生存時是本人領取,也代表保險事故發生,通常是為作為生活費或補償金,依法是無法扣押或作為強制執行的標的;但如果是定時領取之紅利,或者儲蓄投資型那種到期一次或分次給付性的儲蓄保險,才會被執行。如果是像前面那種,只要知道在哪裡保,就算對方沒有的保單也能執行的。

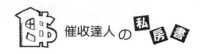

拆屋還地之執行方法

一、履勘時應注意之事項

    1.拆屋還地事件，如需測量或指界，移於履勘時及會同地政事務所人員到場施測，以免執行時耗費時間易滋生事端，並命債權人備妥「紅色防水漆」以明界限。

    2.拆除房屋結構為何，應利用何種工具始能徹底或不危及鄰棟建物。

    3.拆除之建物，其附近之地形如何，怪手得否出入，閒雜人是否易於聚集滋事，是否位於交通要道致拆除時勢將影響交通。

    4.拆除之建物外牆，有無裝設公共電話，如有，應先行通知電信局人員拆卸取回。

    5.僅拆除房屋之一部分者，應俟營造公會等鑑定機關鑑定加撐支柱、牆垣所需建材混凝土之比例後，再定期執行拆除，並應將鑑定結果先送債權人，命其準備。

二、定期強制執行應注意之事項

    1.通知債權人（副本予債務人、利害關係人收受）屆期到院引導，並備妥負責搬遷物品之工人、搬遷所需之麻袋、大紙箱、綑綁物品之細繩帶、鎖匠，再另行告知覓妥搬運之卡車及保管物品之場所，以備債務人全戶外出時先代為保留。此外，尚應僱請拆屋工人備妥

拆除工具（怪手、電鋸、其他持拆除工具）到場，如工人眾多，並應準備識別標幟屆時分配佩帶。

2. 函該管水力、電力、瓦斯公司，屆時會同到場斷水、斷電、斷瓦斯。

3. 函管區派員協助執行，並視情形函請憲兵隊、女警隊、該區警察分局派員協助，並宜通知法警室調派法警保護執行人員之安全。

4. 債務人或其家屬如年事已高或罹患特殊疾病，應命債權人備妥救護車及醫護人員，以備債務人傷人或自傷。

5. 債務人有飼養特殊動物者，應命債權人聯絡專門捕捉人員到場捕捉。

三、現場執行時應注意之事項

1. 強制遷讓後立即拆除建物。拆除時，應注意四周有無高壓電線，拆除倒下之牆垣磚塊不可危及鄰宅。

2. 執行完畢後，執行人員應確實巡視現場，如有半倒塌之鋼架牆垣等，應命再為拆卸，以免發生意外。

3. 僅拆除建物之部分，應先命債權人依鑑定結果所示，雇工架築後再拆除應執行之部分建物。

摘自司法院頒「法院辦理民事執行實務參考手冊」P159-160

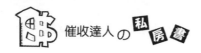 催收達人の私房書

書狀例稿

強執商標

訴狀範例　　（針對商標權執行）

狀　　別：民事強制執行聲請狀

訴訟標的金額或價額：新台幣　　玖拾伍萬壹千零百零十零元
　　　　　　　　　　　　　　　零角元整

聲請人：○○股份有限公司　　設 105 台北市○○路○號
　　　　　　　　　　　　　　（02）2XXX-XXX1　轉法務

法定代理人：○○○　　　　　住同右　　　　　分機 305

債務人：○○工業股份有限公司　設 104 台北市○○街○○號

法定代理人：○○○　　　　　住 104 台北市○○街○號

第三人：經濟部智慧財產局　　設 106 台北市辛亥路二段
　　　　　　　　　　　　　　185 號 3 樓。

法定代理人：○○○　　　　　住同右

為聲請強制執行事：
　　請求之金額

一、新台幣玖拾伍萬壹仟元整，及自民國八十四年十月二十
　　一日起至清償日止按年利率百分之六計算之利息。

二、聲請程序費用及強制執行費用均由債務人負擔。

執行名義

台北地方法院八十五年度民執壬字第〇〇〇〇號債權憑證。（證一）

執行標的

債務人〇〇工業股份有限公司所有如附表所示之二十二筆商標權。

請求之原因及事實

緣聲請人與債務人〇〇工業股份有限公司間清償債務案件，業經台北地方法院核發八十五年度民執壬字第〇〇〇〇號債權憑證在案（見證一），內載明「發現債務人有可供執行之財產時，得提出本憑證聲請強制執行」，現查得債務人有如附表所示之二十二筆商標權，商標權主管機關為經濟部智慧財產局，併此陳報。爰依強制執行法規定，狀請

鈞院鑒核，賜准強制執行，俾維權益，實為德便。

證　　據

證一：台灣台北地方法院八十五年度民執壬字第四〇七四
　　　號債權憑證。

此　　致

台灣台北地方法院　民事執行處　　　　　　公鑒

中　華　民　國　　九　　十　　年　　X　　月　　X　　日

　　　　　　　　具　狀　人：〇　〇股份有限公司
　　　　　　　　法定代理人：〇　〇　〇

113

催收達人の私房書

執行收據

收　　據

　　　兹　　　向
台灣　　　地方法院民事執行處領到協辦　九十年　　度
執　　字第　　　　　　　　號
債權人　　　　　與債務人　　　　　因強制執行事件
誤餐費用新台幣　　　　　　　　　元整。
　　　　　此　　據
一、台灣　　　地方法院民事執行處
二、副本發債權人：

　　　　領款人：　　　　　　　分局司法警察：
　　　　　　　　　　　　　　　派出所
中　華　民　國　　九　　　十　　　年　　月　　日

陳報警察費用狀

狀　別：陳報狀

案　號：九十年度執字第○○○○號　　　　股別：　○股

陳報人：○○股份有限公司　設 105 台北市○○路○號○樓

　　　　　　　　　　　　　（02）2711-XXXX 轉法務

法定代理人：○○○　　　　住同右　　分機 305

為陳報執行費用事：

　　　緣聲請人與○○股份有限公司等強制取回乙案，業經
鈞院以九十年度執○字第○○○○號受理在案，聲請人並於
九十年○月○○日導往執行，茲因陳報人支出員警支援誤餐
費用新台幣捌佰元正，特檢呈前開收據（證四），陳報
鈞院將其列入執行費用優先受償，至感法便。

　　　謹　　狀

台灣○○地方法院　民事執行處　　　　　公鑒

　　　證　　據

證　四：員警支援九十年度執強字第○○○○號九十年○月
　　　　○○日執行誤餐費用正本乙份。

中　華　民　國　　九　　十　　年　　○　　月　　○　　日

　　　　　　　　具　狀　人：○　○股份有限公司

　　　　　　　　法定代理人：○　○　○

催收達人の私房書

電力公司協助函

法院例稿　　（電力公司協助函）

台灣○○地方法院民事執行處函　中華民國○年○月○日
　　　　　　　　　　　　　　　　○院○執字第○○○○號

受　文　者：台灣電力股份有限公司○○辦事處

副本收受者：債權人○○○

主　　旨：請於○○年月○日派員剪除債務人○○○所有如
　　　　　附表所示房屋之電線，以策安全。

說　　明：

一、本院○○年○執字第○○○○號強制執行事件，
　　訂於上開期日執行拆除，請派員協助。

二、債權人應於期日虔敬與電力公司人員聯繫指明執
　　行地址（如附表）。

法　　官

附　　表：

聲請變賣

訴狀範例　　　（聲請作價變賣）

狀　別：民事聲請狀

案　號：八十九年度訴字第○○○號　　　　股別：○股

聲請人：○○股份有限公司　設 105 台北市○○路○號

　　　　　　　　　　　（02）2XXX-XXX1　轉法務

法定代理人：○○○　　　　住同右　　　　　分機 305

為聲請變賣事：

　　緣聲請人與債務人○○有限公司等因給付票款執行事件業經　鈞院以八十九年度民執字第○○○○○號受理在案，且於八十九年十二月十三日導往查封債務人○○有限公司質押之動產即毛皮乙批，債務人○○有限公司曾出具質押同意書（原證二）內載明「同意債權人得無需通知或公告，逕以公開或不公開方式出售第三人」云云，且前聲請狀已敘明因皮革已產生變質、腐化情形，實不宜再以拍賣方式遷延時日，爰依強制執行法第六十條第一款、第三條規定，狀請

　　鈞院迅賜改以變賣方式作價新台幣六萬元出售，以維權益，至感法便。

　　證　　據

證　六：○○有限公司出具報價單影本乙份。

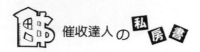

　　此　　致
台灣台南地方法院　民事執行處　　　　　　公鑒

中 華 民 國　九　十　年　X　月　X　日

　　　　　　　　具　狀　人：○　○股份有限公司
　　　　　　　　法定代理人：○　○　○

6　不動產篇

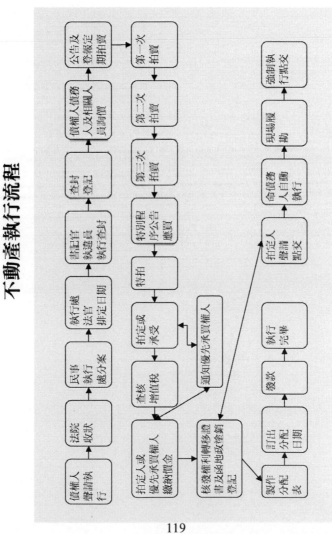

不動產執行流程

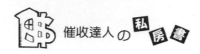
法院拍賣不動產點交流程

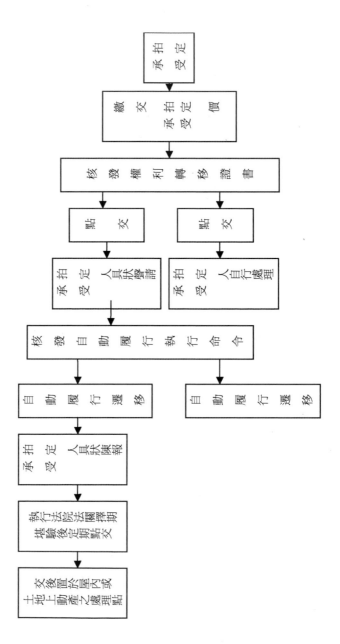

拍定承受

↓

繳交拍定承受價

↓

核發權利轉移證書

↓

點交	點交
承受拍定人具狀聲請	承受拍定人自行處理

↓

核發自動履行執行命令

↓

| 自動履行遷移 | 自動履行遷移 |

↓

承受拍定人具狀陳報

↓

執行法院法官擇期堪驗後定期點交

↓

交後置於屋內或土地上動產之處理點

法院拍賣價金債權分配次序

一、執行費及其他為債權人共同利益而支出之費用,得就強制執行之財產先受清償(強執法§29)

    1. 執行費包括發動執行程序之債權人所實際繳納 8/1,000 之執行費,以及參與分配之債權人所掛帳之執行費。

    2. 共益費,例如登報費、鑑價費、非執行人員之旅費(例如警員、鎖匠)。

    3. 但債權人各自取得執行名義之費用,不包括在上述費用之內。

二、土地增值稅

    1. 依稅捐稽徵法§6 II 規定,優先一切債權及抵押權。

    2. 經法院執行拍賣或交債權人承受之土地,法院應在 5 天內,將其拍定或承受價額通知當地稅捐稽徵機關核課增值稅,並由執行法院代為扣繳(稅捐稽徵法§6 III)

三、依「土壤及地下水污染整治法」§38、§39 應繳納之費用(例如主管機關對土壤地下水污染範圍及環境影響評估所做調查、評估、審查所支出之費用),優先一切債權及抵押權(該法§44)。

四、抵押債權或其他擔保債權:依登記之先後定其受償次序。

五、勞工未滿六個月之工資:

1.雇主因歇業清算或宣告破產，本於勞動契約所積欠之工資未滿六個月部分，有最優先受償之權。（勞動基準法§28 I ）

2.上開規定是為特定事由而發生，並非特定標定物而發生，解釋上應僅屬債權優先權，而非物權優先權，故應列在抵押債權之後，普通債權之前。

六、其他稅捐

稅捐之徵收，優先於普通債權（稅捐稽徵法§61 I ）

七、關稅、滯納金、滯報費、利息、依關稅法所處之罰鍰、處理變賣或消燬貨物所需費用等應繳或補繳之關稅，應較普通債權優先清償（關稅法§55 IV ）

八、債權之利息、遲延利息及違約金。

九、普通債權。

聲請點交狀

訴狀範例　　　（聲請點交）

狀　別：民事聲請狀

案　號：八十九年度執字第○○○號　　　　股別：○股

聲請人：

即拍定人：○○股份有限公司　設 105 台北市○○路○號

　　　　　　　　　　　　　　（02）2XXX-XXX1　轉法務

法定代理人：○○○　　　　　住同右　　　　　分機 305

為聲請依法點交事：

　　緣鈞院八十九年度民執字第○○○○○號拍賣抵押物事件，業將座落台北市中山區長安段一小段○○號土地及其上建物台北市信義路 000 號房屋拍賣由拍定人得標買受並領得權利移轉證書在案，惟債務人迄今拒絕將上開房地交付拍定人，爰依強制執行法第九十九條第一項規定，狀請

　　鈞院早日定期點交，以維權益，至感法便。

　　　此　　　致

台灣○○地方法院　民事執行處　　　　　公鑒

中　華　民　國　　九　　十　　年　　X　　月　　X　　日

　　　　　　　　　　具　狀　人：○　○股份有限公司

　　　　　　　　　　法定代理人：○　○　○

 催收達人の私房書

法拍屋占用教戰手冊

一、油漆房屋。

二、開收音機、讓得標人以為有人住。

三、將已被水電公司斷水斷電的房屋復水復電，讓得標人以為有人住。

四、放置神明或祖先牌位。

五、放入棺材。

六、直接住人或出租。

七、撒紙錢一堆及相片一張以香爐祭拜。

八、將整間灑冥紙，並寫上「死不瞑目」。

九、外面拉白布條寫著「誓死抵抗、絕不搬遷」等字眼。

十、以 24 小時排班方式輪流打牌等方式。

〈摘自 92.11.01 中國時報〉

得否代債務人就拍賣之土地申請適用自用住宅用地優惠稅率？

依財政部 66.08.13 台財稅第 35435 號函及財政部 66.12.03 台財稅第 38207 號函均揭示：法院拍賣債務人所有土地，如合於土地稅法第 9 條及第 34 條有關自用住宅用地規定之要件者，准按自用住宅用地稅率計課土地增值稅，惟應以由債務人（即土地所有權人）申請者為限，否則應按一般稅率計課土地增值稅。

但民法 242 規定「債務人怠於行使其權利時，債權人因保全債權，得以自己之名義，行使其權利。但專屬於債務人本身者，不在此限。」，但依前開財政部函釋即可明瞭，申請是用自用住宅優惠稅率係專屬於債務人本身之權利，因此實務上認為不適用代位行使的規定。

◎財政部 66.12.03 台財稅第 38207 號函

惟執行法院拍賣債務人所有之土地，如合於土地稅法第 9 條及第 34 條有關自用住宅用地規定者，為便利執行起見，本部同意如經土地所有權人簽章出具同意書，同意由法院代為申請適用優惠稅率請徵土地增值稅者，於主管稽核機關查復土地所有權人得適用優惠稅率後，由執行法院依優惠稅率扣繳。

法拍屋以自用住宅課徵土地增值稅 Q

法拍屋以自用住宅課徵土地增值稅須在收到通知文 30 日內申請

臺北市稅捐處表示，稅捐處接到法院拍賣民眾的土地之公文時，實務上均先以一般用地稅率核算土增稅回復法院，請法院優先從拍賣價款扣繳土增稅；並同時以雙掛號通知納稅人如符合土地稅法第 9、34 條規定自用住宅要件者，請於文到次日起 30 日內檢附相關資料，向稅捐處申請改按自用住宅用地稅率課徵土增稅，凡逾期申請者，不予受理。

法拍屋如要申請自用住宅用地課徵土增稅，必須符合下列要件：
一、土地所有權人或其配偶、直系親屬於該地辦竣戶籍登記。
二、拍賣前一年內無出租或營業用。
三、土地所有權人未曾享受過自用住宅稅率課徵土增稅。
四、土地所有權人與房屋所有權人須同一人或有直系親屬關係為限。

該處提醒納稅人，凡是接到稅捐處的公文，要仔細看清楚公文的內容，如與自己權益有關的事項，要特別注意申請的期限，以免讓自己的權益受損。

承受不動產契稅問題

一、向法院標購拍賣不動產者，仍應申報繳納契稅（契稅條例§11），但土地經課徵土地增值稅後，免徵契稅。（契稅條例§2）

二、免辦監證或公證（4206.07 台財稅發字 2641 號函）

三、權利移轉證書，非屬印花稅法所之公定契紙憑證，不必貼印花。

四、拍定承受違章建築，仍應繳納契稅。

五、拍定人可選擇按「拍定價格」或「房屋評定價值」何者為低，而為申報。（70.07.07 台財第 35587 號）

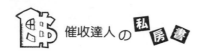

前用戶積欠費用是否仍須繳納？

　　消費者購買房屋如係透過法院拍賣程序所購得，亦即「法拍屋」，對於前手（亦即拍賣程序中之債務人）所積欠之水費、電費、瓦斯費甚至公寓大廈管理費是否需繼受？以下分別討論之：

一、公寓大廈管理費：

　　拍定人（即後手）是否繼受前手欠費，內政部在 86 年 2 月 26 日台內營字第 8672309 號函指出，除非前後區分所有權人間訂有「債務承擔契約」，否則管委會不得向後手主張前手積欠的管理費。此見解亦為 89 年 11 月的台灣高等法院法律座談會決議所支持。

　　而後雖然公寓大廈管理條例第 24 條於 92 年 12 月 31 日有所修訂，但內政部仍於 93 年 10 月 12 日以營署建管字第 0932916431 號函重申「法院拍定人無庸代為繳納原區分所有權人所積欠之管理費」，另台灣高等法院 93 年 11 月 25 日的法律座談會決議也名是雖然條文有修訂，但並未改變繼受人的權利義務。因此法拍屋拍定人對於前手的管理費債務，依法並無任何清償義務。

　　據筆者瞭解實務運作的朋友表示：實務上 AMC 在承受法拍屋時，為了儘速釐清相關權利義務（如停車位相關位置等），通常跟管委會採互退一步的方式，亦即債務人所積欠的管理費會以五折的方式達成和解。

二、電費

　　據電力公司答稱：民眾經向法院標購法拍屋後，倘欲承繼原用戶用電權利而辦理過戶繼續用電，則自應承擔繳清原用戶積欠電費之義務，始得繼受其用電權利，倘不欲承繼原用戶之用電權利與義務且與原用戶之用電無關者，得提示用電場所使用權相關文件，另按新設用電申辦所需用電，無須負擔繳清原用戶所欠電費之義務。

　　亦即要求消費者需重新申裝，才得免除繳清前用戶欠費義務。

三、瓦斯費

　　以「大台北瓦斯股份有限公司瓦斯供應營業規程」第十五條，雖未規定後手需承續前手欠費，卻規定「用戶變更名義，應由前後用戶聯名申請之。後用戶無法與前用戶聯名申請時，得以『重設方式』或『恢復方式』申請。……以『恢復方式』申請供應，應繳清欠費。」

　　換言之，若不想承接前手欠費，就得負擔重新申裝的費用，對拍定人未必有利。

一、 如何申請過戶（用水名義人變更）？

答： （一）一般用戶：可以電話、傳真、郵寄、E-mail 或利用
　　　　　網路線上申辦，如有欠費請親洽本公司當地服務
　　　　　（營運）所辦理。

　　　 （二）營業用戶：請攜帶水費單據、營利事業登記證、公
　　　　　司及負責人印章逕至本公司當地服務（營運）所櫃
　　　　　台辦理。

　　 備註： 1. 辦理過戶者應承擔前用戶之一切義務，如不願承
　　　　　　擔時，需重新申請接水。

　　　　　 2. 未會同前用戶簽章申請過戶者，前用戶如於六個
　　　　　　月內提出異議時，本公司得取消後用戶之過戶。

二、 一般用戶與營業用戶水費單價是否不同？

答： 一般用戶與營業用戶，皆按一般水費計收。

三、 因房屋租賃糾紛致用水名義人已申辦停用，嗣後承租人要
　　 求復用時，如何辦理？

答： 依據本公司七三年八月一日台水營字第二一二九二號
　　 函：鑑於自來水為生活必需品，出租人與承租人雖發生租
　　 賃糾紛，但承租人尚未將租賃之房屋遷讓交還出租人前，
　　 仍有權使用該房屋，出租人為迫使承租人遷出，聲請廢止
　　 用水，自屬不合法，承租人要求復用，本公司應准其復用。

四、 申請復水之手續及應繳付那些費用？

答： （一）屬用戶申請停用者，復水時需繳交：停水前未足期
　　　　水費及復水費。

　　　（二）屬欠費停水處分，復水時須繳交：舊欠各費、停水
　　　　期間之二分之一基本費及復水費。

　　　（三）復水費按口徑大小分別計算：

水量計口徑	13 公厘	20 公厘	25 公厘	40 公厘	50 公厘
復水費	460 元	460 元	800 元	800 元	3,000 元

申請停用或停水處分已超過二年而註銷水籍者，如需重新
用水，依新設方式辦理。

催收達人の私房書

土地建物併付拍賣

裁判字號：

92 年台抗字第 641 號

裁判案由：

拍賣抵押物聲明異議

裁判要旨：

　　土地所有人於設定抵押權後，在抵押之土地上營造建築物者，抵押權人於必要時，得將其建築物與土地併付拍賣，但對於建築物之價金，無優先受清償之權，民法第八百七十七條定有明文。此規定之目的，在於期使房屋與土地能同歸一人，易於拍賣，以保障抵押權人，並簡化法律關係，以避免或減少紛爭。故如土地所有人於將土地供抵押權人設定抵押權後，雖未自行於土地上營造建築物，但容許第三人在土地上營造建築物，為避免單獨拍賣土地，可能使土地及建物非由同一人所有，法律關係趨於複雜，衍生糾紛，及為使土地易於拍賣，保障抵押權人之權益，本於上述法條之立法意旨，自應許抵押權人行使抵押權時，將第三人於抵押權設定後在土地上營造之建築物與抵押之土地併付拍賣，而將房屋賣得價金交還該第三人。

參考法條：民法第 877 條（91.06.26）

聲請拍賣抵押物發現有增建物時，應如何處理？

雖依民法 887 條規定得就拍賣抵押物裁定之執行名義所不及之建築物併為查封拍賣，但其目的僅為使土地房屋一併處分增加抵押物拍賣價值，然該增建之獨立建物部分非抵押權效力所及，拍賣所得價金不僅無優先受償權，且非經聲明參與分配，亦無與其他普通債權平均受償之權。

如增建物並非抵押權效力所及者，抵押權人應另以對人之執行名義如確定判決等聲明參與分配，始得就增建物賣得價金以普通債權人身份受償。

如擴建或增建物為從物（民法 86 條參照），依民法 862 條 I 規定：抵押權之效力及於抵押物之從物，不以登記者為限。

◎司法院院字第 1514 號解釋：

工廠中之機器生財，如與工廠同屬於一人。依民法 86 條 I 之規定，自為工廠之從物。若以工廠設定抵押權，除有特別約定外，依同法 862 條 I 規定，其抵押權效力當然及於生財機器（參見院字第 1404 號解釋）。至抵押權之設定聲請登記時，雖未將生財機器一併註明，與抵押權所及之效力，不生影響。

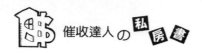

◎司法院院字第 1553 號解釋：

　　所謂工廠之機器可認為工廠之從物者，凡該工廠所設備之機器，皆可認為從物，不以已經登記或附著於土地房屋者為限。

抵押權人依規定聲請併付拍賣，需具備之要件

依民法 877 條規定，土地所有人於設定抵押權後，在抵押之土地上營造建築物者，抵押權人於必要時得將其建築物與土地併付拍賣，但對於建築物之價金無優先受清償之權。抵押權人依該條規定聲請併付拍賣，需具備下列要件：

1.建築物需為土地設定抵押權後所建。

為實務上有認為土地設定抵押權時，正建造之建築物，亦有該條之適用。

2.建築物需為土地所有人所建

該條所謂之「土地所有人」指原所有人及特定繼受之買受人（司法院（76）廳民二字 1879 號函參照）。亦即，土地所有人建造後，連同抵押之土地讓與他人或抵押之土地讓與他人，而由該他人營造建築物者，亦有民法 877 條規定之適用。最高法院判例亦認為，於土地抵押後，在其上營造之建築物，雖非土地所有人所建，但於抵押權實行時，該建築物若予抵押之土地已歸一人所有，則為貫徹保護抵押權人利益及社會經濟之立法目的，亦有該條之適用，但於必要時，將土地抵押後，在其上營造之建築物，與該土地併付拍賣（最高法院 89 年台抗字 352 號判例）。

3.需建築物有與土地併付拍賣之必要

　　是否有必要係僅以僅拍賣土地時，是否足以清償所擔保之債權為斷。

　　二未完全完工之房屋，若已足避風雨，可達經濟上使用目的者，即屬土地上之定著物，買受此種房屋人，乃係基於法律行為，自需辦理移轉登記，始能取得所有權。若僅變更起造人名義，而未辦理移轉登記，不能因建築主管機關此項為管理建築物所採行之行政措施，據為認定建築物所有權之依據（最高法院 63.123 決議），因此買受此項建築物，應辦理移轉登記，始能取得所有權。

抵押權人得將抵押土地與建築物聲請
合併拍賣之條件

一、該建築物需在土地抵押權設定後所建。若在抵押權設定前所建，則不可合併拍賣。蓋抵押權設定當時，土地上已有建築物為抵押權人所明知，將來拍賣土地能否滿足債權，已在其計算之中，法律自無加以保護之必要。

二、需為土地所有人（抵押土地提供人）所建。若為他人所建，則不可。

三、需有併付拍賣之必要。即如賣土地，雖貶價亦足以清償其債權時，即無必要可言；必須貶價之結果，其拍賣土地總價額不足清償其債權，始謂為有併付拍賣之必要。

　另執行法院雖將建築物與抵押土地併付拍賣，但抵押權人就建築物之拍賣價金，並無優先受償之權。（民法 878 條參照）

建築物經法院拍賣後，拍定人對於原有之建築執照應如何處理？

　　為建築物經法院拍賣後，拍定人無法取得原發之建築執照（即建造執照）、但經拍定人檢具權利移轉證明申請變更起造人或申請核發使用執照或補發使用執照時，對於原有之建築執照應如何處理乙案

函號：

　　內政部 73.11.7 台內營字第 266873 號函

內文：

　　按建造執照僅為對申請建造之許可、此為建築法第二十六條第一項規定至明。是以建築物經法院拍定後，其在施工中者，拍定人如已取得原領建造執照，得憑法院權利移轉證明書申請變更起造人名義，未取得原領建造執照，得憑法院權利移轉證明書申請變更起造人名義，核發建造執照、其已竣工者，僅屬建築物權利之移轉，不生補發建造執照或變更起造人名義問題，拍定人得憑法院權利移轉證明書依有關登記法令規定辦理建築改良物所有權登記或申請核發建築物使用執照、原發建造執照使用執照無通知或公告註銷必要。

拍定後變更原有建築執照等問題

　　建築物經法院拍定後，拍定人無法取得原發之建築執照（即建照執照），但經拍定人檢具法院權利移轉證明書申請變更起造人或申請核發使用執照或補發使用執照時，對於原有之建築執照應如何處理？

　　按建築執照僅為對申請建造之許可，此為建築法第 26 條 I 規定至明。是以建築物經法院拍定後，其在施工中者，拍定人如已取得原領建造執照，得憑法院權利移轉證書申請變更起造人名義；未取得原領建造執照，得憑法院權利移轉證明書申請變更起造人名義，核發建照。其已竣工者，僅屬建築物權利之移轉，不生補發建造執照或變更起造人名義問題，拍定人得憑法院權利移轉證書依有關登記法院規定辦理建築改良物所有權登記或申請核發建築物使用執照。原發建造執照、使用執照無通知或公告註銷之必要。

　　（73.11.07 內政部 73 台內營字第 266873 號函）

　　有關施工中之建築物經法院拍賣後，建築物及土地所有權人為同一拍定人，且取得法院權利移轉證書者，其辦理變更起造人乙節得依本部 73.11.07 內政部 73 台內營字第 266873 號函釋規定辦理。（93.03.15 內政部 93 台內營字第 0930082645 號函）

拍定人得否依原建照繼續興建完成？

　　實務上認為建築執照僅是種對申請建造許可的行政處分，並非具有財產價值之財產權。如法院准許建築執照與興建中之建築物一併拍賣，拍定人固可以持法院發給之權利移轉證書與建築執照向建管機關直接聲請變更起造人名義。若無法取得原始建築執照，得以法院所發給之權利移轉證書向建築管理機關申請變更起造人名義，核發建築執照。其已竣工者，僅屬建築物權利之移轉，不生補發建築執照或變更起造人名義問題，拍定人得憑法院權利移轉證明書依有關登記法令規定辦理建築改良物所有權登記或申請核發建築物使用執照，原發建築執照、使用執照無通知或公告註銷必要。（66 年 12 月 27 日台內營字第 757816 號函，73 年 11 月 7日台內營字第 266873 號函）

　　至於拍定人檢具法院權利移轉證明書申請使用執照，進係該起造得逕予變更，仍應依建築法第 70 條規定會同成造人及監造人為之。（台灣省建設廳 77 年 5 月 30 號建四字第 022914 號函）

抵押不動產滅失或徵收之物上代位

抵押不動產滅失，其抵押權歸於消滅，但因滅失而得領受賠償款項時，銀行等抵押權人對該賠償金則有代位（原所有權人）收取之權利（民法第八八一條）。抵押不動產之滅失不限於物理上之滅失，法律上之滅失亦包括在內。例如抵押不動產因火災而滅失（物理的滅失），其有保險者抵押權人得依據物上代位權向保險公司請求及收取賠償金抵償借款，又如抵押不動產因被政府公用徵收者，對於政府之土地徵收補償金，銀行等抵押權人亦有物上代位權，得向支付機關請求交付抵償借款。而對於本「物上代位」之代位物，如有多數抵押權人，該標的物之補償金需按各抵押權人之抵押次序分配。

又民法第八八九條所規定動產質權因質物滅失而消滅。如因滅失得受賠償金者，質權人得就賠償金取償，亦屬物上代位。

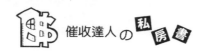

關於辦竣預為抵押權登記之建物

關於辦竣預為抵押權登記之建物，於辦理建物所有權第一次登記時，轉載該項抵押權登記事宜

公布日期：2003/5/20
公布內容：

一、略。

二、按承攬人之法定抵押權之發生，實務上易致與定作人有授信往來之債權人，因不明該不動產有法定抵押權之存在而受不測之損害，故民法第五百十三條修正第一項為得由承攬人請求定作人會同為抵押權登記，並兼採「預為抵押權登記」制度及明定以訂定契約時確定之「約定報酬額」為該項抵押權擔保範圍，期使第三人得藉由物權登記之公示原則，明確了解是否有法定抵押權之存在。故為配合該法條之修正施行，本部爰於修正土地登記規則時，增訂第一百十七條，明定承攬人單獨申請抵押權或預為抵押權登記之程序及應檢附之證明文件，並於該條文第四項明定登記機關受理承攬人就尚未完成之建物，申請預為抵押權登記時，應即暫編建號，編造建物登記簿，於他項權利部辦理登記。惟因目前電腦作業，對於尚未完成建物所有權第一次登記之建物，無法於他項權利部辦理登記，本部乃權宜以九十年十一月十

三日台內中地字第九〇八四四〇七號函示，以一般註記方式，將承攬事實登載於建物登記簿標示部。然上述登記方式係為配合目前電腦作業所為之權宜措施，爾後辦理建物所有權第一次登記時，自應另編建號為之，並將該預為抵押權登記內容轉載於該建物他項權利部，同時刪除原編建號建物之標示部及建號，俾利第三人充分了解該建物他項權利登記情形。至於承攬債務於辦理建物所有權第一次登記時已經清償，應否辦理轉載乙節，同意依申請人檢具之承攬人出具之預為抵押權塗銷同意書辦理登記，無須再行轉載於新登記建物他項權利部。

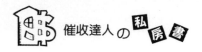

 — 催收達人の私房書

7　租賃關係篇

執行時應如何避免日後有第三人主張租約的可能？

◎ 查封不動產實應切實查明不動產之占有使用情形，如不動產於查封前全部或一部為第三人占有使用者，應查明占有使用人占有之實際狀況、姓名住所、占有原因，占有如有正當權源者，其權利存續期間。如訂有租約者，應命提出租約，即時影印附卷，如未能提出租約，或未訂有書面租約者，亦應詢明其租賃起迄期間、租金若干及其他租賃條件，逐項記明查封筆錄。以防止債務人事後勾串第三人偽訂長期或不定期租約，阻撓點交。（強注41（二））

◎ 拍賣之不動產是否點交，應以查封時之占有狀態為準，苟查封時為債務人所占有，並無第三人占有之情事，執行法院及應於拍定後嚴格執行點交，縱第三人事後提出查封前已向債務人承租該不動產之契約，亦不能據以阻止點交，倘該第三人有實體上權利主張，應循訴訟程序解決。（司法業務研究會第十一期）

◎ 本法第 99 條及第 124 條所定債務人，包括為債務人之受僱人學徒或與債務人共同生活而同居一家之人，或基於其他類似之關係，受債務人指示而對之有管領之力者在內。（強注 57（七））

◎ 不動產之租賃期間超過五年以上或不定期者，宜傳承租人到場，詳為調查，記明筆錄。（司法院七十七年司法業務檢討會議決議第 13 點之 3）

押金性質之探討

　　抵押之不動產有出租且有押金之交付者，議會影響抵押物之價值。依司法院二八年院字第一九〇九號解釋，因擔保承租人之債務而接受押金乃不屬於原租賃契約之別一契約，押金契約為邀物契約，以金錢之交付為其成立要件，故出租人未將押金交付受讓人前，受讓人既未受押金權之移轉，對於承租人自不負返還押金之義務。但「租賃契約如明定承租人得於押金已敷抵充租金之期限內，不再支付租金，而將押金視為預付之租金者，雖讓與人未受押金之交付，亦得對抗受讓人。」是以為求慎重計，銀行抵押不動產之估價，宜將押金計入用益關係之減值內，預先由鑑定價格扣除。

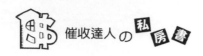

租金執行——座談會

發文字號：

司法院第二十七期司法業務研究會

發文日期：

民國 85 年 02 月 00 日

資料來源：

民事法律專題研究（十三）第 195-197 頁

相關法條：

民法第 864 條 （84.01.16 版）

法律問題：

　　某甲於 83.07.01.以其所有之房屋一棟設定抵押權向乙銀行借款新台幣（下同）一千萬元，後將該屋出租某丙占有使用，租期自 84.01.20.起 86.01.19.止，每月租金五萬元，約定每月二十日給付，嗣因某甲生意失敗無力清償借款本息，乙銀行取得「拍賣抵押物裁定」後，於 84.09.20.聲請執行法院查封拍賣該屋，拍賣程序進行中，乙銀行請求執行法院命承租人某丙應將實施查封後到期之租金向其給付抵充本息，問（一）乙銀行之請求是否有理由，執行法院應否准許？（二）如准其所請，則某丙不為給付時，執行法院可否逕對丙強制執行？

法律問題：

　　某甲於 83.07.01.以其所有之房屋一棟設定抵押權向乙銀行借款新台幣（下同）一千萬元，後將該屋出租某丙占有使用，租期自 84.01.20.起 86.0 1.19.止，每月租金五萬元，約定每月二十日給付，嗣因某甲生意失敗無力清償借款本息，乙銀行取得「拍賣抵押物裁定」後，於 84.09.20.聲請執行法院查封拍賣該屋，拍賣程序進行中，乙銀行請求執行法院命承租人某丙應將實施查封後到期之租金向其給付抵充本息，問（一）乙銀行之請求是否有理由，執行法院應否准許？（二）如准其所請，則某丙不為給付時，執行法院可否逕對丙強制執行？

討論意見：

　　（一）甲說：應准許。蓋抵押權之效力，及於抵押物扣押後抵押人就抵押物得收取之法定孳息，民法第八百六十四條定有明文。且依強制執行法第五十一條第一項規定，查封之效力及於查封物之孳息，此項孳息包括天然孳息及法定孳息（54 台上一一五九、55 台上一五二三），租金為法定孳息，故乙銀行之請求有理由（參 75 台上二一四六）。

　　乙說：不應准許。強制執行法第五十一條第一項之孳息，應僅指天然孳息，不包括法定孳息在內（參汪禕成著強制執行實用一九三頁、陳世榮著強制執行法註解二〇三、二五八頁），而民法第八百六十四條僅係法律賦予抵押權之效力及於抵押物扣押後之法定孳息而已，拍賣抵押物之裁定係對物之執行名義，不得對第三人執行，在抵押權人未對某

甲取得本案勝訴確定或宣告假執行之判決前，其請求為無
理由。

　　（二）甲說：此項租金屬債務人對第三人之債權，執行
法院應依對於財產權之執行程序執行之（強執法第一一五
條），如某丙不自動履行，執行法院可依據該拍賣抵押物裁
定對之逕為強制執行。

　　乙說：拍賣抵押物之裁定係對物之執行名義，不得對第
三人執行，在抵押權人未對某甲取得本案勝訴確定或宣告假
執行之判決前，執行法院不得對丙逕為強制執行。

　　研討結論：採甲說。

參考法條：民法第 864 條（85.09.25）
　　　　　　強制執行法第 51-1 條（85.10.09）

承租人以租賃權業遭除去為由
拒不繳納租金時？

案由：

　　抵押物原出租與第三人 A 公司，因債務人發生違約情事，故行庫聲請拍賣抵押物求償，後因一拍並未拍出致行庫聲請除去租賃權，其後行庫又聲請針對 A 公司之租金強制執行，孰謂 A 公司竟以租賃權業遭排除為由拒絕繳付租金予行庫，請問其主張是否有理由？

解析：

　　按「租賃權係發生在抵押權設定之後，且影響抵押物之售價以致抵押權無法受償者，法院即刻為除去租賃權之裁定。而抵押權人聲請執行法院除去租賃權之處分或裁定，並無實體上法律關係存否之效力。」、「執行法院故得除去該租賃權，以無租賃狀態拍賣抵押物。但此僅係於拍賣執行程序中，決定拍賣之條件而已。倘該執行程序因執行債權人撤回執行之聲請而終結者，則該拍賣之條件自亦失其存在。」最高法院八十六年台抗字第一六○號判決及司法院（83）年廳民二字第 17262 號函分別著有明文。

　　故原承租戶僅以系爭租賃契約已因執行法院之處分而失其效力，而主張拒絕繳付租金者，行庫應可原引前開見解針對租金向法院聲請核發扣押命令。

裁判字號：

　　86 年台抗字第 160 號

裁判要旨：

　　不動產所有人設定抵押權後，於同一不動產上固得設定
地上權或其他權利，但其抵押權不因此而受影響，民法第八
百六十六條定有明文。又不動產所有人設定抵押權後，如與
第三人訂立租賃契約而影響抵押物之售價以致抵押權無法
受清償者，該租賃契約對於抵押權人不生效力，抵押權人因
屆期未受清償，聲請拍賣抵押物時，執行法院自可依法以無
租賃狀態逕予執行，亦經司法院以院字第一四四六號解釋在
案。故祇須其租賃權係發生在抵押權設定之後，且影響抵押
物之售價以致抵押權無法受清償者，法院即可為除去租賃權
之裁定。而抵押權人聲請執行法院除去租賃權，法院所為准
駁之處分或裁定，並無確定實體上法律關係存否之效力，實
體上就法律關係有爭執之人，為求保護其權利，仍應另提起
訴訟，以求解決。

無租賃切結書之法律問題

　　以往債權銀行於債務人提供不動產設押時，常要求設押人提供無租賃切結書，以切結保證絕無出租情事，倘如有第三人提出租賃契約存在時，則非另有其他證據，否則僅以該無租賃切結書並無法對設定抵押前之租賃契約予以排除。

　　但最高法院於八九年度台抗字第二三九號裁定認，倘設押人在設押之時，出具無租賃切結書予抵押權人銀行，倘於銀行實行抵押權拍賣抵押物時，如有第三人提出租賃契約，主張有租賃權，要求記明筆錄，請求執行法院依買賣不破租賃之原則，進行不點交之拍賣時，抵押權人銀行可依設押人出具之無租賃切結書，對該租賃契約加以排除，請求執行法院執行點交之拍賣。

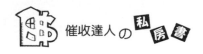

買賣不破租賃原則適用

　　民法第四二五條規定之「買賣不破租賃之原則」，於民國八十九年五月五日債篇修正，在該條文增設第二項加以限制，修正條文第二項明文規定，未經公證之不動產租賃契約，其期限逾五年或未定期限者，不適用買賣不破租賃之原則。亦即倘債權銀行實行抵押權拍賣抵押物時，如有第三人主張有租賃契約之存在，惟倘該租賃未經公證，且期間超逾五年或未定期限者，債權銀行可依修正之民法第四二五條第二項之規定，要求執行法院除去該租賃權，進行點交之拍賣。

　　又上開所指期限逾五年而未公證者，是指整個租賃契約均不得對抗債權人，而非指五年內得對抗，逾五年部分不得對抗。

第三人主張以債權人身份占用查封物時，如何排除其占有？

　　第三人於查封後占有，不問其是否有權占有、占有之權源為何種法律關係，均應點交。

　　第三人主張係因與債務人金錢債務如消費借貸關係而占有，係為自己占有並非占有輔助人，故應為「第三人」，其排除方式分述如下：

　　查封前占有：首需檢討其是否為無權占有。基於金錢債務關係如消費借貸並無占有不動產權利。第三人對未經所有權人（債務人）同意自行占有，係無權占有。其次，所謂對無權占有不爭執，應指占有之第三人對構成無權占有之法律事實不爭執。第三人對未經所有權人（債務人）同意自行占有之事實既不爭執，其主張之消費借貸關係亦非得據為占有權利，第三人應受點交命令之拘束。

　　如第三人主張之事實係因與債務人有消費借貸關係，由債務人交付占有而抵償債務者，既經所有權人同意為有權占有，其使用房屋並支付對價具租賃之性質（民法 421 條 I），應予租賃為相同之處理，如其發生於設定抵押權之後，並對抵押權有影響，得聲請執行法院除去後拍賣之，並得點交。

　　如第三人主張之事實係因與債務人有消費借貸關係，由債務人交付占有但不抵償債務者，既經所有權人同意為有權

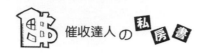

占有，其使用房屋未有對價具使用借貸之性質（民法 464
條），法無明文規定得予排除，實務上認為依「舉重明輕」
法理，得比照租賃關係聲請執行法院除去後拍賣之，並得
點交。

◎ 司法院第 31 期司法業務研究會法律問題研究結論，司
法週刊社民事法律專題研究（15）第 36 則第 127 頁
新修正強制執行法第 99 條 II 已規定除去租賃後點交，
如謂使用借貸不得除去或除去後不得點交，則拍定人於拍定
房屋存有租賃時可以不對承租人起訴即取得房屋占有，於拍
定房屋存有使用借貸時，反而一定要對借貸人起訴，方才能
取得占有，輕重顯有失衡，且造成有拍賣房屋存有租賃者拍
定價格較高，存有使用借貸者拍定價格較低之不合理現象，
再加上使用借貸為無償，其真實性更難查證，如債務人均以
出借方式規避點交，將使新修正強制執行法第 99 條 II「除
去租賃後點交」之規定均無適用餘地，亦有違新法修正之精
神，是依舉重明輕之法理，本題抵押權人某乙聲請除去使用
借貸並以點交為拍賣條件，應予准許。

債權人應如何排除第三人無償借用主張，
以免影響拍定價格。

抵押物上有無償借用情事

案由：

　　債務人提供擔保品設定抵押權予行庫，違約後行庫聲請強制執行，查封標的物時有第三人出面主張，該擔保品已於設定抵押權後無償借予該第三人使用，請問債權人行庫應如何排除該第三人主張，以免影響拍定價格。

說明：

　　「按不動產所有人設定抵押權後，於同一不動產上得設定地上權或其他權利，但其抵押權不因此而受影響，又不動產所有人設定底阿權後，如與第三人訂立租賃契約而致抵押物之價金有所影響，該租賃契約對於抵押權人不勝效力，抵押權人因屆期未受清償，聲請拍賣抵押物時，執行法院自可依法以無租賃狀態逕予執行。司法院院字第一四四六號解釋亦有明確說明。再者依舉重明輕之法理，抵押人於抵押權設定後，若將不動產出借予他人，致拍定人無法取得占有，當然影響拍定價格，如因此造成拍定價格低於抵押權，難謂對抵押權無影響，抵押權人自可請求法院除去該使用借貸關係，並以點交為拍賣條件（司法院司法研究會第三十一期研

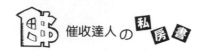
催收達人の私房書

討意旨參照）」此有台灣高等法院九十二年抗字第三一四二號判決可資參照。

裁判字號：

92 年抗字第 3142 號

「按民法第八百六十六條規定：『不動產所有人設定抵押權後，於同一不動產上得設定地上權及其他權利。但其抵押權不因此而受影響』，如其抵押權因設定地上權或其他權利而受影響者，本院院字第一四四六號解釋認為對於抵押權人不生效力，抵押權人聲請拍賣抵押物時，執行法院自可依法逕予執行，乃因抵押權為物權，經登記而生公示之效力，在登記後就抵押物取得地上權或其他使用收益之權利者，自不得使登記在先之抵押權受其影響。」（大法官會議釋字第三〇四號解釋參照）。

90 年抗字第 206 號

裁判要旨：

按「抵押權乃就抵押物之賣得價金得受清償之權，其效力并及於抵押物扣押後由抵押物分離之天然孳息，或就該抵押物得收取之法定孳息。故不動產所有人於設定抵押權後，雖得依民法第八六六條規定，復就同一不動產與第三人設定權利，但於抵押物之賣得價金，或該物扣押後由抵押物分離之天然孳息，或抵押權人原得收取之法定孳息，有所影響，則依同條但書之規定，其所設定之權利，對於抵押權人自不生效。如於抵押權設定後與第三人訂立租賃契約而致有上述

之影響者，依同條之規定言之，不問其契約之成立，在抵押物扣押之前後，對於抵押權人亦當然不能生效，其抵押權人因屆期未受清償，或經確定判決，聲請拍賣抵押物時，執行法院自可依法逕予執行。至於抵押權設定後取得權利之人，因其權利不能使抵押權受其影響，即不足以排除強制執行，除得依民法第二二六條，向設定權利人求償損害外，自不得提起異議之訴。」次按租賃係有償，而使用借貸則為無償，依舉重明輕之法理，使用借貸關係之存在若影響抵押權者，抵押權人自得聲請除去後拍賣。

抵押物無償借予他人使用，債權人得否聲請
執行法院排除之？

　　抵押權設定後，抵押人將抵押之不動產設定其他權利，或與他人訂立租賃契約，如對抵押權有影響者，依司法院院字第 1446 號解釋及釋字第 119 號解釋，抵押權人得聲請執行法院除去該項權利，執行法院亦得依職權為之，所謂對抵押權有影響，係指抵押權設定後，設定之其他權利或租賃權，使不動產之價值減少，致抵押權所擔保之債權，不能依抵押權設定時之權利狀態而受償之情形而言。上述權利經執行法院為除去之處分後即歸消滅，拍賣物係以無負擔狀態拍賣，買受人不承受原有之負擔。

　　抵押不動產上所設定之權利或租約，係在抵押權設定前已發生者，則不受嗣後設定抵押權之影響。

　　如上所述，抵押權設定後訂立租賃契約如對抵押權有影響者，得依聲請或依職權除去之。至於使用借貸，實務上認為依舉重明輕原理，如無償借用在抵押權設定後，對抵押權有影響者，自得聲請執行法院除去之。

8　對第三人執行篇

三種執行命令之效力比較

一、收取命令：

收取命令送達後，於債權人收取前，執行程序尚未終結，如有他債權人參與分配，執行法院應將收取命令撤銷，另發支付轉給命令，命第三人將債款繳交法院分配。但債權人實際收取部分，視為執行程序終結，他債權人不得再聲請參與分配。（強執法 32 條）

又債權人之債權於收取金額範圍內，因清償而消滅，顧債權人因第三債務人無資力，至債權全部或一部不能收取時，為收取部分之執行債權仍不消滅，債權人仍得依原執行名義，對債務人其他則任財產強制執行。

二、移轉命令：

移轉命令生效後，債務人對於第三人之債權移轉予債權人，債務人喪失債權人之地位，債權人為該移轉債權之受讓人，得以債權人之地位直接向第三債務人求償。在移轉之債權存在範圍內，債權人之執行債權均視為已受償，縱第三債

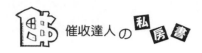

務人因無資力致未獲清償時，其執行債權亦不再回復，債權人不得請求另就債務人之其他財產執行。因此，債權人應負擔第三債務人無資力之危險。

惟對於薪資或其他繼續性給付之債權所為強制執行，執行法院得以命令移轉於債權人。但債務人喪失其權利（如辭職）或第三人喪失支付能力時，該薪資或其他繼續性給付之債權未受清償之部分，移轉命令失其效力，得聲請繼續執行，並免徵執行費。（強執法 115 條之 1）

三、支付轉給命令

支付轉給命令生效後，於第三人將金錢支付執行法院時起，該執行金額之危險，由執行債務人負擔。在執行法院未轉給執行債權人之前，尚不生已清償執行債權之效力，執行效力尚未因清償而消滅，其執行程序尚未終結，他債權人自得參與分配。

債務人對於第三人之金錢債權經扣押後，欲使債權人之債權獲得清償，尚須為換價之處分。而上述三種換價方法，究採何種方法為宜，執行法院除得斟酌具體情形外，並得詢問債權人意見，擇用其一（強執法 115 條 II）。債權人得衡酌上述三種換價方法不同效果，依自己具體情形審酌決定之。

執行第三人債權的換價方法

　　如果債務人對第三人的金錢債權（如工程款、買賣款等）因為有條件、期限、對待給付或其他事由，致使民事執行處無法以收取、移轉、支付轉給命令予以執行時，民事執行處可依債權人之聲請，准用動產執行規定，將該債權予以拍賣、變賣。

　　第三人未異議者，執行法院即應依各財產權之性質、種類決定換價方法：

一、第三人應為給付且適宜收取或移轉者，執行法院得視情節發收取命令移轉命令支付轉給命令或交付命令後，依各該命令之執行程序辦理。

二、權利移於讓與或管理者，得發讓與命令或管理命令，命令將權利讓與或管理，而以讓與價金或管理之收益清償債權，命令讓與得依拍賣或變賣方法為之，亦得由債權人承受（參司法業務研究會第十一期）；命令管理，則應選任管理人或定其他管理方法。

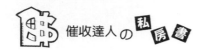

得對第三人財產權執行

1. 銀行、合作社、郵局之債務人存款
2. 合夥出資返還請求權及利益分配請求權
3. 債務人因他案提存法院之擔保金
4. 互助會之會款
5. 工程款
6. 債務人另案參與分配之分配款
7. 信用合作社社股之執行
8. 合作社理監事保證金之執行
9. 當鋪營業權之執行
10. 對第三人持有債務人之書據（如所有權狀）執行
11. 對合夥人股份之執行

實務上認不得做為其他財產權之執行

1. 退休金，依公務人員退休法所定之退休金，係只對依法退休之公物原所給與之酬勞不得執行。但退休金業經具領後，即得對其執行，如以另存入其他銀行，亦得對其執行。
2. 押租金或提供商人承銷貨物之保證金，因租賃期間之租金或貨款是否全部清償完畢，無以確定，故不得對其執行。
3. 紡織品出口配額，性質上屬紡織品出口之特許條件，並非獨立權利。

4. 債務人之派下權，為對祭祀公業財產之公同共有權利。

5. 債務人對可繼承財產之應繼分，不得單獨作為執行之標的。

6. 土石採收權，因其性質兼有公法上特許權之性質，故該權
   利不得移轉於第三人。

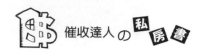

對租金之執行

　　原強制執行法第五十一條第一項所規定，查封效力及於查封物之孳息。於民國八十五年修正時本條規定變更為：查封之效力及於查封物之天然孳息。是以。修正查封之效力以不及於法定孳息，刪除不及於法定孳息，其立法理由為：法定孳息係指利息、租金或其他因法律關係所得之利益，為債務人對第三人之金錢請求權，屬其他財產權之執行標的，應依強制執行法第一一五條對第三人發執行命令，始生執行效力，為免滋疑義，爰修正規定查封之效力，及於查封物之天然孳息。

　　但抵押之不動產經查封扣押後，抵押權及於法定孳息，銀行得對支付法定孳息義務人，通知囑其向銀行支付。例如抵押房屋查封後該房屋有租金收入者，銀行得將扣押事由通知承租人後即有直接收取租金抵償借款之權利。

黨務津貼受償案

◎案例說明

　　該案債務人原係國大代表，於任職國大期間眾多行庫均聲請針對其薪津執行，本公司依債權比例每月僅能分配得一千餘元，後國大解散致無從扣薪。

☆Tips

　　筆者懷疑其尚擔任中國國民黨黨職，而於該黨尚受領薪津，遂改向地院聲請針對第三人中國國民黨執行。

　　○後查明債務人尚在該黨受領廢除國大後之補償性津貼（每月十萬元），因其他債權人並未考量到該可能性，因此並無他債權人參與分配，筆者公司每月可單獨受領該津貼十萬元之三分之一。

催收達人の私房書

訴狀例稿

公司出資扣押命令

法院例稿 　　（出資額扣押命令）

台灣○○地方法院民事執行處函　中華民國○年○月○日
　　　　　　　　　　　　　　　　○院○執字第○○○○號

受文者：第三人○○○
　　　　　債務人○○○
副本收受者：債權人○○○
　　　　　　　經濟部商業司
　　　　　　　○○市（縣）建設局

主　　旨：禁止債務人就其對第三人○○○公司之出資
　　　　　額，在○○○範圍內為移轉或其他處分行為，並
　　　　　禁止第三人就上開出資額為移轉過戶之行為。。

說　　明：

一、本院○○年度執字第○○○號○○強制執行事
　　件，據債權人查報，債務人在　貴公司有出資額
　　可供執行。

二、依強制執行法第一百十六條、第一百十七條規
　　定，禁止債務人移轉或為其他處分，並禁止第三
　　人辦理移轉過戶，應另候本院處理。

三、貴公司如不承認債務人之出資額存在，或於數額
　　有爭議，或有其他得對抗債務人請求之事由時，
　　得於本命令送達翌日起十日內，提出書狀，向本
　　處聲明異議。
四、第三人於收受本命令前，已收受其他執行命令
　　者，請查復該執行法院及案號。

　　　　民事執行處
　　　　法　　　官

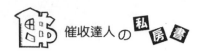催收達人の私房書

公司出資轉讓通知

　　（公司出資轉讓通知）

台灣〇〇地方法院民事執行處函　中華民國〇年〇月〇日
　　　　　　　　　　　　　　　　〇院〇執字第〇〇〇〇號

受文者：〇〇有限公司

　　　　其他股東〇〇〇、〇〇〇、〇〇〇

副本收受者：債務人〇〇〇

　　　　　　拍定人〇〇〇

主　　旨：請於聞到二十天內一公司法第一百十一條第四
　　　　　款之規定，指定受讓人，逾期未指定或指定之受
　　　　　讓人不依同一條件受讓時，視為同意轉讓，並同
　　　　　意修改章程有關股東及其出資額事項。

說　　明：

　　　　一、本院受理〇〇年〇執字第〇〇〇〇號債權人〇
　　　　　　〇〇與債務人〇〇〇間〇〇強制執行事件，業將
　　　　　　債務人在第三人〇〇〇
　　　　　　　　出資新台幣（下同）〇〇原，依法拍賣，由
　　　　　　〇〇〇出價〇〇元拍定。

　　　　二、受未指定之受讓人得以同一條件（即繳出〇〇
　　　　　　元），受讓債務人之出資（即〇〇元）。

　　　　三、副本抄送債務人、拍定人。

　　　　　　　　　法　　　官

○○收據

收　　據

　　茲收到　貴公司依台灣板橋地方法院九十年訴字第○○號判決所交付之債務人○○機器工廠股份有限公司之應付帳款如下列票據：

發 票 人：	○○實業股份有限公司
受 款 人：	中央租賃股份有限公司
面　　額：	新台幣陸拾柒萬肆仟壹佰捌拾壹元整
付款條件：	禁止背書轉讓
備　　註：	依台灣板橋地方法院九十年訴字第○○號判決所為交付

　　此　致

○○實業股份有限公司

　　　　　立據人：中央租賃股份有限公司

　　　　　法定代表人：○○○

　　　　　代理人：○○○

中 華 民 國 　 九 十 一 　 年 　 ○ 　 月 　 ○ 　 日

催收達人の私房書

囑託拍賣股票

法院例稿 （上市櫃股票囑託拍賣）

台灣○○地方法院執行處函　　　中華民國○年○月○日
　　　　　　　　　　　　　　　○院○執字第○○○○號

受　文　者：○○○○（局）（銀行）

副本收受者：財政部證券管理委員會

　　　　　　第三人○○證券股份有限公司

　　　　　　債務人○○○

　　　　　　債權人○○○

　　　　　　台灣證券集中保管股份有限公司

主　　旨：債務人○○○所有之○○○股份有限公司股票
　　　　　○○股（戶號：○○○　票號：○○○）○○○
　　　　　張，請代為拍賣並將所得款項匯入○○○○銀行
　　　　　○○地方法院機關專戶帳號○○○○，並復知
　　　　　本院。

說　　明：

　　一、本院受理○○年度執字第○○○號○○強制執行
　　　　事件，債權人請求就債務人○○○所有之○○○
　　　　○股份有限公司股票為執行而扣押在案（本院○
　　　　○年○月○日○院執字第○○○號執行命令）。，
　　　　該股票應委請　貴（局）（銀行）代為拍賣。

172

二、第三人應於文到五日內向台灣證券集中保管股
　　份有限公司辦理前開股票轉撥手續（○○○○
　　（局）（銀行）信託處-本院委託買賣證券帳號：
　　○○○○）。
三、依據台灣證券集中保管股份有限公司八十七年
　　六月八日（87）證保企字○六九○六號函辦理。

　　　　　法　　官

扣押案款

法院例稿 （扣押本處案款）

台灣〇〇地方法院民事執行處函　中華民國〇年〇月〇日
　　　　　　　　　　　　　　〇院〇執字第〇〇〇〇號

受 文 者：本處〇股
　　　　　債務人〇〇〇
　　　　　債權人〇〇〇

主　　旨：禁止債務人就其對第三人〇〇〇在　貴股〇〇
　　　　　年度〇字第〇〇〇〇號執行事件之案款，在新台
　　　　　幣〇〇原及執行費新台幣〇〇元範圍內予以扣
　　　　　押，另候處理。

說　　明：本院受理〇〇年度執字第〇〇〇號〇〇強制執
　　　　　行事件，據債權人查報債務人在　貴股有案款可
　　　　　供執行。

　　　　　　　　法　　　官

扣押保證金

狀　別：民事強制執行聲請狀

訴訟標的金額或價額：新台幣　○仟○佰○拾○萬陸千捌百柒
　　　　　　　　　　　　十陸元零角元整

聲請人：○○股份有限公司　　12345678
　　　　　　　　　　　　設 105 台北市 XX 路八號十樓
　　　　　　　　　　　　（02）2XXX-XXXX　轉法務

法定代理人：○○○　　　　住同右　分機 305

債務人：○○股份有限公司　設 806 高雄市前鎮區○○號

法定代理人：XXX　A123456788X　住 904 屏東縣九如
　　　　　　　　　　　　　　鄉○○路二段○○
　　　　　　　　　　　　　　巷○號

債務人：XXX　A123456788X　　住 904 屏東縣九如
　　　　　　　　　　　　　　鄉○○路二段○○
　　　　　　　　　　　　　　巷○號

第三人：經濟部加工出口區管理處高雄分處設 811 高雄市楠
　　　　梓區加昌路 600 號

法定代理人：何一清　　　　　　住同右

為聲請強制執行事：

　　　　請求之標的

一、請准予對債務人○○股份有限公司對第三人之購廠保
　　證金予以強制執行。

二、聲請程序費用及強制執行費用由債務人等連帶負擔。

執行名義

台灣台北地方法院八十九年度票字第○○○○○號民事裁定及確定證明。（證一）。

　　　　請求之原因及事實

　　緣聲請人持有債務人○○股份有限公司等於民國八十九年 X 月 X 日所共同簽發之本票乙紙，內載金額 XX 萬元整，付款地台北市松山區，到期日為八十九年○月○日，免除作成拒絕證書。詎到期提示未獲全部兌現，幸蒙　台灣台北地方法院核發八十九年度票字第○○○○○號裁定且經確定在案（見證一），為此，狀請

　　鈞院鑒核，賜准速發扣押命令予第三人處，俾維權益，實為德便。

　　　證　　　據

證一：台灣台北地方法院八十九年度票字第三四二八三號
　　　民事確定裁定各乙份。

　　　此　　　致

台灣高雄地方法院　民事執行處　　　公鑒

中　華　民　國　　九　　十　　年　　二　　月　　　日

　　　　　　　　具　狀　人：中央租賃股份有限公司
　　　　　　　　法定代理人：○○○

扣押命令——券商

法院例稿

台灣○○地方法院執行命令　　　中華民國○年○月○日
　　　　　　　　　　　　　　　○院○執字第○○○○號
受文者：第三人○○證券股份有限公司
　　　　債務人○○○
　　　　債權人○○○
副本收受者：台灣證券集中保管股份有限公司　　設台北市復
　　　　興北路三六三號十一樓
主　　旨：債務人○○○所有在第三人○○證券股份有限
　　　　　公司之○○○股票（集中交付台灣證券集中保管
　　　　　股份有限公司所保管），在○○○股範圍內，禁
　　　　　止債務人移轉或為其他處分，第三人亦不得對債
　　　　　務人清償。
說　　明：
　　　　一、本院受理○○年度執字第○○○號○○強制執
　　　　　　行事件，據債權人查報債務人有上開股票可供
　　　　　　執行。
　　　　二、依強制執行法第一百十六條規定，禁止債務人或
　　　　　　第三人移轉或為其他處分，另候本院處理。
　　　　三、第三人如不承認債務人之股票存在，或於數額有
　　　　　　爭議或有其他得對抗債務人請求之事由時，得於

　　本命令送達翌日起十日內提出書狀，向本處聲明
　　異議。
四、第三人於收受本命令前，已收受其他執行命令
　　者，請查復該執行法院及案號。

　　　民事執行處
　　　法　　　官

9　案例教學篇

債權人如何可以查扣到更多債務人的薪資？

扣薪比例案

◎案例說明

　　查得債務人任職某證券公司，原本扣薪例稿中將薪水／津貼均列明執行三分之一，但證券公司其薪資結構中底薪部分僅佔其小部分、反而其獎金津貼部分才往往是其薪資之主力結構。

☆Tips

　　一般而言，實務上多以薪資的 1/3 進行請求扣押，因需酌留債務人之生活費用，但依強制執行法中「當事人進行主義」精神，其實債權人可以針對不影響其生活所需之獎金部分聲請扣押較高比例（3/4），因為許多行業中其獎金部分遠遠高過底薪；但如當事人僅聲請扣押 1/3，法院自然不會判給你更高的比例，但如法院僅以例稿照抄時（即僅准許扣押 1/3），那也不會有損失。

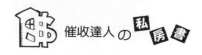 催收達人の私房書

　　○以前開比例計算，半年收取一次債務人薪津收入共約二十二萬餘元，較原來方式收取更多。

　　另現實務上針對薪資執行部分，通常法院係以發移轉命令結案（即不核發債權憑證），而如債務人離職後，債權人可持該移轉命令聲請繼續執行，並免徵執行費。

訴狀範例

狀　　別：民事聲請狀

案　　號：九十一年度執字第○○號　　　　　　股別：○股

聲請人：○○股份有限公司　0XXXXXXXX

　　　　　　　　　　　設　105 台北市○○路○號

　　　　　　　　　　　（02）2XXX-XXX1轉法務

法定代理人：○○○　　　　　住同右　　　　　分機 305

為聲請追加執行標的：

　　緣聲請人與債務人 B 股份有限公司等間強制執行事件業經鈞院以九十一年度執字第○○號受理在案，現查得債務人 A 服務於債務人即 B 股份有限公司〈附件〉，每月均於公司所受領薪資所得，爰依強制執行法第一一五條規定，請求追加執行標的即將債務人 A 服務於 B 股份有限公司每月薪津（包括薪俸、各種津貼、補助費等在內）於三分之一範圍內，及工作、年終、考核、績效獎金在四分之三範圍內，禁止債務人 A 向 B 股份有限公司收取或為其他處分，並由聲請人○○股份有限公司逕向 B 股份有限公司收取至前開債權全部清償為止。特狀請

180

　　鈞院鑒核，迅賜發扣押命令予 B 股份有限公司，俾維權益，實為德便。

　　此　　致
台灣台北地方法院　民事執行處　　　　公鑒

中華民國　九　十　一　年　X　月　X　日

　　　　　　　具　狀　人：○　○股份有限公司
　　　　　　　法定代理人：○　○　○

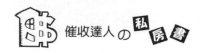催收達人の私房書

債權人如何針應收帳款作假扣押執行

晶×案例研討

案情簡介

　　該案係於 89.4 開始承作，承作金額為 10M，主要承作考量為晶×公司為國內主要開飲機供應廠商，秉×公司為其經銷商，承作條件為原物料分期買賣、4M 定存單質押及晶×工業共同發票及分期票背書，後於89.7違約，違約時Rental約為 9.2M。

異常處理

1. 因 A○表示晶×公司對國內數家大賣場有應收帳款，因此針對其中數家賣場進行假扣押（台北、高雄）；後高雄以無管轄權為由駁回假扣押聲請。
2. A○查得晶×公司有註冊商標權，亦對該部份進行假扣押。
3. 承作時將 4M 定存單設定質權與本公司。
4. 接法院通知因對家福公司扣得貨款超過本公司請求扣押金額，晶×公司請求法院准許將多出部份貨款返還；因本公司對秉佑公司尚未取得執行名義，於請示經理後迅即以晶工公司確定支付命令，針對假扣押扣得貨款聲請執行。

5. 接法院發收取命令對大潤發、萬客隆皆收約 1.5M，家福貨款部份併案處理；再對商標權部份聲請執行，對高雄廠商應收帳款部份擬聲請囑託執行。

心得分析與探討

1. 定存單設質的問題探討：1.如何設質？2.解質聲請應如何發動？3.如何解質？

2. 應收帳款收取應可為日後催收的手段之一，收取應收帳款有何需注意事項？

3. 晶×公司為免續有人聲請扣押應收帳款，遂改出貨給田合工業再由其轉出貨給通路，日後應如何對付此種避債手段？

4. 針對商標權等智財權應如何進行執行？

5. 法院對假扣押最新處理方式：台北地院如以本票聲請假扣押裁定，會命提供全額擔保；高雄地院如債務人設址未在其管轄，會命釋明為何要在該處聲請。

6. 假扣押後，應儘速領回提存擔保金。

7. 以本案為例，快速的扣押、執行有時會獲致豐碩的收穫，因此在異常案的處理初期最重要的是時效。

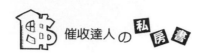催收達人の私房書

法院作了不利我方裁定應如何救濟

案例說明：對法院聲明異議並抗告

　　債權人針對債務人 A 公司對第三人 B 股份有限公司之應收帳款進行強制執行，第三人 B 股份有限公司收受收取命令後逾越法定期間始聲明異議，債權人聲請法院依法駁回該不合法之異議，但法院卻以函通知債權人略謂不同意債權人所請。

動腦時間

　　本案爭點為執行法院雖不同意債權人所請事由，但因執行法院並未做成裁定，致使債權人法律救濟無門。

法源依據

　　司法院頒「辦理強制執行事件應行注意事項」第五條第一款規定「就強制執行所為之聲請或聲明異議，執行法院應迅速裁定，……此項裁定，不得以其他公文為之。」，且前司法行政部 66.1.13 台（66）函民決字第 00320 號函亦為相同見解。

訴狀範例

狀　別：民事聲明異議狀

案　號：九十年度執字第 XXX 號　　　　股別：○股

聲明人：○○股份有限公司　0XXXXXXXX

　　　　　　　　設　105 台北市○○路○號

　　　　　　　　（02）2XXX-XXX1 轉法務

法定代理人：○○○　　　　住同右　　　　分機 305

為聲明異議事：

　　緣聲明人與債務人 A 股份有限公司強制執行事件，業經鈞院以九十年執○字第 XXX 號受理在案，原聲明人於 90.6.8 聲請　鈞院以第三人異議已過期間為由駁回其異議聲請。詎知頃接　鈞院 90.6.16 函通知認不宜依聲請人所請，然依司法院頒「辦理強制執行事件應行注意事項」第五條第一款規定「就強制執行所為之聲請或聲明異議，執行法院應迅速裁定，……此項裁定，不得以其他公文為之。」，且依前司法行政部 66.1.13 台（66）函民決字第 00320 號函，亦為相同見解，爰依強制執行法第十二條聲明異議，狀請

　　鈞院鑒核，迅賜裁定駁回第三人異議，實為德便。

　　謹　狀

台灣台北地方法院　民事執行處　　　公鑒

中　華　民　國　　九　　十　　年　　X　　月　　X　　日

　　　　　　　　具　狀　人：○　○股份有限公司

　　　　　　　　法定代理人：○　　○　　○

催收達人の私房書

訴狀範例

狀　別：民事抗告狀

案　號：九十年度執字第〇〇〇號　　　　股　別：〇股

抗告人：〇〇股份有限公司　0XXXXXXX

　　　　　　　　　　設 105 台北市〇〇路〇號

　　　　　　　　　　（02）2XXX-XXX1 轉法務

法定代理人：〇〇〇　　　　住同右　　　　　分機 305

債務人：A 股份有限公司　設詳卷

法定代理人：〇〇〇　　　　住詳卷

第三人：B 股份有限公司　設詳卷

法定代理人：〇〇〇　　　　住詳卷

為提起抗告事：

　　緣抗告人聲請駁回第三人 B 股份有限公司之異議，經台灣台北地方法院於九十年七月三日以裁定「聲請駁回」，惟抗告人對此項裁定殊難甘服，先將本案發生時間及經過列表以利說明：

時　間	事實及經過	案號及備註
八十九年十月二日	台北地院對第三人發扣押命令	89 民執全〇字第〇〇〇〇號
八十九年十二月二十九日	抗告人聲請調卷強制執行	90 年民執〇字第 XXX 號
九十年二月十六日	台北地院發給收取命令	
九十年二月十六日	台北地院發給 90 年民執〇字第 XXX 號債權憑證結案	業將第三人債權部份列入已

		受償部份
九十年三月二十二日	因第三人拒絕給付，抗告人聲請對其強制執行	90 執○○○○號後併 90 執○第 XXX 號
九十年四月二十七日	第三人向法院聲明異議	

　　茲列舉抗告理由如下：為就程序言：一、依 76.7.3（76）廳民二字 2463 號「強制執行法第一百十九條第一項『所稱』十日，為法定不變期間，第三人於接到執行法院禁止命令後已餘十日，始聲明異議，應認其異議不合法以裁定駁回之」，本案係於 90.2.16 發給收取命令，第三人遲於 90.4.27 始聲明異議，執行法院應認其異議已違法定不變期間而以裁定駁回。二、抗告人因第三人拒絕逕為給付，業於 90.3.22 依強制執行法第一百十九條第二項規定聲請逕對第三人執行，業經台北地方法院以九十年執○第○○○號受理在案，但台北地方法院不察仍將本案併入已結案件（即 90 執○第 XXX 號）受理，與辦理強制執行應行注意事項第六十四條第三款規定不符。

　　就實體言，本執行案款業經　鈞院於 90.2.16 發給北院民執○字第 XXX 號債權憑證，且已將第三人案款部份列入已執行受償部份。現如無法收取前開案款，將造成聲請人權益嚴重受損。爰於法定期間內依法提起抗告，狀請鈞院鑒核，賜准將原裁定廢棄，繼續執行，至感法便。

催收達人の私房書

　　　此　　致
台灣台北地方法院　民事執行處　　　　轉呈
台灣高等法院　　　　　　　公鑒

中 華 民 國　九　十　年　X　月　X　日

　　　　　　　具 狀 人：○　○股份有限公司
　　　　　　　法定代理人：○　○　○

如何針對債務人之繼承人繼續追索

鄒×國案案例研討

一、前情概述

　　該案係台南分公司承作，於 85.12.8 發生退票，已執行保人通×公司資產及取回標的物洗蛋機，執行法院發給債權憑證結案。後經查連保人資產時發現 1.連保人鄒×年已死亡，查得繼承人鄒×慧乙名；2.連保人廖×珍於光復北路及忠孝東路均有不動產，經評估尚有餘值。

二、進行方式

1. 先對連保人廖×珍房地產部份進行查封拍賣程序，希藉此逼迫鄒×國出面與本公司協調解決。

2. 孰謂債務人皆不理會，因知悉鄒×慧於連保人鄒×年死亡後未辦理拋棄繼承，遂對其發支付命令。

3. 本公司拍定廖×珍忠孝東路不動產後，廖×珍對我方提起第三人異議之訴，希阻止我方領取分配款項。

4. 法院以無餘值為由命我方撤回對光復北路不動產執行，我方評估二順位抵押權可能為假債權，遂對該抵押權提起確認之訴。

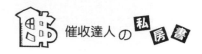

三、攻守重點

1.第三人異議之訴：對造→我方已行使取回權，且未於 30 天內處分，已喪失對債務人追索權。

我方→取回時標的物遭債務人破壞，且經載明執行筆錄。

2.確認之訴：對造→抵押權確為擔保債權而存在。

我方→1. 債權在先、抵押權在後，係為無償行為；2.應由對造舉證確有資金流動。

四、動腦時間

Q1. 如何查明繼承人戶籍資料？

Q2. 本票裁定的效力是否能追及對繼承人執行？

Q3. 連保人死亡時，可否利用追及繼承人方式繼續追索？

Q4. 取回附條件買賣標的物後，應注意哪些事項？

Q5. 客戶違約後再徵提擔保品，是否會被認定為係無償行為？

債權讓與後如何針對第三人起訴

案例說明：對第三人起訴

　　債務人 A 公司原將對第三人 B 股份有限公司之債權，簽立應收帳款債權讓與書予債權人作為擔保，後因 A 公司違約後債權人以存證信函通知 B 公司前開讓與情事，但 A 公司否認前開讓與書簽名的真實，且 B 公司表示未獲法院判決確定前將不對原告清償。

動腦時間

　　本案爭點為一、公司簽名之真正應如何認定？二、債權讓與究應以何時生效？

法源依據

　　一般實務上，公司簽名真正的認定即以經經濟部商業司登記之公司變更登記事項卡留存印鑑作比對，即蓋用戳既與前開印鑑比對相符時公司即需負責，不一定需負責人親簽。

　　依民法 297 條規定：「債權之讓與，非經讓與人或受讓人通知債務人，對於債務人不生效力。」，因此如債權人主張債權讓與時應以雙掛號之存證信函通知債務人，並以簽收之回執卡主張業已通知之事實；如債務人收受通知後繼續對原債權人為清償時，不生債務清償之效力。

催收達人の私房書

訴狀範例　　　（證據欄略）

狀　　別：民事起訴狀
訴訟標的金額或價額：新台幣壹佰零拾零萬零千零百零十零元
　　　　　　　　　　零角整
原　　告：○○股份有限公司　　設 105 台北市松山區○○路○
　　　　　　　　　　　　　　　號　電話：（02）2XX1-XXX1
　　　　　　　　　　　　　　　轉法務分機：305
法定代理人：○○○　　　　　　住同右
被　　告：B實業股份有限公司　設 242 台北縣新莊市中平路
　　　　　　　　　　　　　　　XX 號
法定代理人：○○○　　　　　　住同右

為請求履行債務事：
　　訴之聲明
一、被告 B 實業股份有限公司應給付原告新台幣壹佰萬元
　　整，及自被告接獲通知債權讓與存證信函翌日起至給付
　　日止，按年息百分之五計算之利息。
二、前項請求，原告願供擔保，請准宣告假執行。
三、訴訟費用由被告負擔。

　　事實及理由
一、緣原告於民國八十九年十月一日與訴外人 A 股份有限
　　公司（以下簡稱 A 公司）簽立銷貨金額為新台幣（以下
　　同）肆佰貳拾萬元以內之分期付款買賣契約書（原證二

號）乙紙，並為擔保該契約之履行，A 公司簽立債權讓
與同意書（即原證一號）同意將對被告 B 實業股份有限
公司（以下簡稱 B 公司）等三家公司之貨款債權於肆佰
萬元範圍內讓與原告，詎 A 公司自八十九年十二月起即
無力正常繳納分期價金（原證三號），原告迅即以台北
體育場郵局第 82 號存證信函（原證四號）催告被告 A
公司清償，被告 A 公司均置之不理，原告迫於無奈遂於
90.2.7 以台北 81 支局郵局第 534 號存證信函（原證五
號）通知被告 B 公司等三家廠商前開債權讓與情事。

二、孰料被告 A 公司於 90.2.12 委請 XXX 律師發函（原證
六號）原告及被告 B 公司等三家公司，函中竟否認有債
權讓與之事實，理由略為：前開債權讓與同意書負責人
姓名一字非電腦字及非親簽為由，認其係偽造。原告亦
迅以台北體育場郵局第 705 號存證信函（原證七號）駁
斥其說，因債權讓與同意書蓋用印文與經濟部中部辦公
室所出具之 A 公司變更登記事項卡（原證八號）登記印
鑑相符，僅空言非親簽即意圖卸責與民法第三條等規定
不符。

三、詎原告於 9.3.7 接獲被告 B 公司以新莊 15 支郵局第 269
號存證信函（原證九號）告知於未獲法院判決確定前將
不對原告清償。被告 B 公司承認對被告 A 公司有應付
帳款之存在，後復拒絕對原告逕為給付；依民法第二百
九十四條規定：「債權人得將債權讓與於第三人。」依
通說債權人將債權讓與他人，讓與之後，讓受人當然有

讓與人之地位，現被告燦坤公司多次藉詞拒絕履行應付債務。原告出於無奈僅得依法訴追。

又經查明 B 公司積欠 A 公司貨款應在壹佰萬元以內，爰以壹佰萬元為本案訴訟標的金額，併此敘明。現依民法第二百九十四條狀請

鈞院鑒核，賜判決如訴之聲明，甚感法便。

　　謹　　狀
台灣板橋地方法院　民事庭　　　　　　公鑒

中 華 民 國　　九　　十　　年　　X　　月　　X　　日

　　　　　　　　具　狀　人：○　○股份有限公司
　　　　　　　　法定代理人：○　○　○

第三人拒絕給付款項時如何針對其強制執行

案例說明：對第三人強制執行

　　債權人針對債務人 A 公司對第三人 B 股份有限公司之應收帳款進行強制執行，第三人 B 股份有限公司於收受收取命令後並無於法定期間內聲明異議，但與其電話聯繫收取時間時卻以「A 公司以存證信函警告其不得支付」為由拒絕給付前開應收帳款。

動腦時間

　　本案爭點為第三人承認對 A 公司確有應付帳款尚未支付，但卻混淆法院所核發之收取命令與債務人公司寄發存證信函孰者為高，致使第三人拒絕依法院收取命令而為給付。

法源依據

◎強制執行法 119 條 II 項規定「第三人不於前項期間內聲明異議，亦未依執行法院命令，將金錢支付債權人，……執行法院得因債權人之聲請，逕向該第三人為強制執行。」
◎依本法第 119 條第二項之規定，逕向第三人強制執行結果，如不足清償全部債務時，僅能以原債務人為債務人，而不能以第三人為債務人之名義核發債權憑證。(73.07.20 廳民二字第 553 號函)

◎逕向第三人為強制執行者，應另行分案辦理，無庸另行繳執行費（強注64（3））

訴狀範例 （證據欄略）

狀　別：民事強制執行聲請狀

訴訟標的金額：新台幣壹佰伍拾壹萬零仟捌佰零拾肆元整

聲請人：○○股份有限公司　0XXXXXXX

設　105　台北市○○路○號

（02）2XXX-XXX1　轉法務

法定代理人：○○○　　　　住同右　　　　　分機 305

債務人：A 股份有限公司　XXXXXXX

設 402 台中市○○路○○號

法定代理人：○○○　　　　住同右

第三人：B 股份有限公司　XXXXXXX

設 106 台北市○○路○○號

法定代理人：○○○　　　　住同右

為聲請對第三人強制執行事：

　　請求之金額

一、新台幣壹佰伍拾壹萬零捌佰零肆元，及自法院收取命令
　　送達第三人 B 股份有限公司之日起至清償日止按年利
　　率百分之五計算之利息。

二、強制執行程序費用由第三人負擔。

　　執行名義

　　台北地方法院九十年度執酉字第○○○號收取命令。

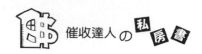

（證一）

執行標的

台北地方法院八十九年度民執全黃字第○○○○○號假扣押執行事件所查封之應收帳款。

請求之原因及事實

緣聲請人與債務人A股份有限公司間清償債務案件，業蒙鈞院以九十年度執酉字第○○○號受理在案，且於九十年二月二十六日發給聲請人收取命令，准許聲請人向對第三人公司即B股份有限公司收取債權金額新台幣壹佰伍拾壹萬零捌佰零肆元，經聲請人多次與第三人聯繫，第三人竟以債務人A股份有限公司存證信函乙紙（證二）為由，悍然拒絕依

鈞院所發收取命令逕為給付。

按強制執行法第一一九條第二項規定：「第三人未依執行法院命令將金錢交付債權人時，執行法院得因債權人之聲請，逕向該第三人為強制執行。」，且依司法院發布之「辦理強制執行事件應行注意事項」第六十四條第三款「依本法第一一九條第二項規定逕向第三人為強制執行者，應另行分案辦理」，狀請

鈞院鑒核，速賜定期日執行，俾維權益，實為德便。

此　　致
台灣台北地方法院　民事執行處　　　　　公鑒

中　華　民　國　　九　　十　　年　　X　月　　X　日

　　　　　　具　狀　人：○　○股份有限公司
　　　　　　法定代理人：○　○　○

債務人拒絕收受法律文書時，得否以其公司為送達址

請以工作地點送達案

案例說明

　　查得債務人任職某壽險公司聲請針對其薪津執行，法院核發扣押命令後遲未再核發執行命令，經電聯書記官略謂：因債務人未合法送達故未能核發，電聯該壽險公司證實該員卻在該公司上班，且已遵造法院指示將薪津扣押。

☆Tips

　　聲請法院改向債務人公司所在地為送達，因為通常公司較不會發生拒收郵件之情形。

　　後因業合法送達，法院也順利核發移轉命令，筆者公司順利領取債務人薪津。

催收達人の私房書

訴狀範例 （聲請以公司址為送達址）

狀　別：民事聲請狀
案　號：九十一年度執字第○○號　　　　　股別：○股
聲請人：○○股份有限公司　0XXXXXXXX
　　　　　　　　　設 105 台北市○○路○號
　　　　　　　　　（02）2XXX-XXX1 轉法務
法定代理人：○○○　　　同右　　　　　分機 305

為聲請改寄送地址事：

　　緣聲請人與債務人 A 股份有限公司等間強制執行事件業經鈞院以九十一年度執字第○○號受理在案，原聲請針對債務人 B 服務於 C 股份有限公司薪資所得執行，頃與　鈞院聯繫，略謂：因債務人 B 無法合法送達，致無法核發移轉命令，但查債務人服務之公司址亦為民事訴訟法所明定之合法送達址。特狀請

　　鈞院鑒核，迅賜將債務人 B 之合法送達址改寄至 C 股份有限公司（即設台北市○○路○號○樓），俾維權益，實為德便。

　　此　　致
台灣台北地方法院　民事執行處　　　　　公鑒

中 華 民 國　九　十　一　年　X　月　X　日

　　　　　　　　具　狀　人：○　○股份有限公司
　　　　　　　　法定代理人：○　○　○

200

第三人異議時未依法定程序，如何聲請法院將其駁回

案例說明：第三人異議未依法定程序

　　債權人針對債務人 A 公司對經濟部加工出口區之六個月管理費用款項進行強制執行，但第三人經濟部加工出口區原於扣押命令時陳報時管理費用尚有 18 萬元，待法院核發命令時始異議略謂：後又抵銷部分現僅餘 6 萬元，法院執行處函稱：因第三人異議，如認不實請逕向民事庭起訴。

動腦時間

　　此時一般有二種方式：即 1.即承認第三人異議屬實，而針對剩餘之 6 萬元進行收取；及 2.不承認第三人異議，而對其起訴。

　　但第三人異議時，卻犯了程序上不合法的錯誤，亦即第三人於收受法院收取命令十日後始聲明異議，且其異議狀並非以書狀方式為之。

法源依據

　　參見強制執行手冊第 190 頁，「強制執行法第 119 條 I 項所稱之十日，為法定不變期間，第三人於接到執行法院禁

201

止命令後已逾十日，始聲明異議，應認其異議不合法而以裁定駁回之」

　　參見強制執行手冊第 191 頁「第三人聲明異議，如已逾十日期間或為以書狀為之，應認其異議不合法，以裁定駁回之。」

訴狀範例

狀　　別：民事聲請狀

案　　號：九十年度執字第○○○○號　　　　　股別：○股

聲請人：○○股份有限公司　　0XXXXXXX7

　　　　　　　　　　　　設 105 台北市○○路○號

　　　　　　　　　　　　（02）2XX1-XXX1 轉法務

法定代理人：○○○　　　　　住同右　　　　　　分機 000

為聲請事：

　　緣聲請人與債務人 A 股份有限公司等間強制執行事件，業經　鈞院以九十年執○字第○○○○號受理在案，頃接　鈞院 90.7.31 通知第三人經濟部加工出口區管理處以 90.7.24 經加處（90）二建字第 xxxx 號函聲明異議，然依司法院頒「強制執行手冊」第 191 頁載明「第三人聲明異議，如已逾十日期間或未以書狀為之，應認其異議不合法，以裁定駁回之。」，現第三人既未以書狀而係以函文且已逾十日聲明異議，爰狀請

　　鈞院鑒核，迅賜裁定駁回第三人異議，實為德便。

　　謹　　狀

台灣高雄地方法院　民事執行處　　　　　　公鑒

中 華 民 國　　九　　十　　年　　X　　月　　X　　日

　　　　　　　　具　狀　人：○　　○股份有限公司

　　　　　　　　法定代理人：○　　○　　○

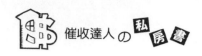

催收達人の私房書

第三人拒絕支付保險理賠金時，如何聲請法院將其駁回？

案例說明：第三人拒絕支付保險理賠金

　　債權人針對債務人 A 公司對第三人華南產物保險股份有限公司之保險理賠金進行強制執行，第三人華南產物保險股份有限公司原於收受禁止命令後並無異議，但卻於收受收取命令之期日內聲明異議，異議略謂：因債務人無法認同由專業公證人作成之理算表，致無法確定保險理賠金數額，故拒絕理賠。法院執行處函稱：因第三人異議，如認不實請逕向民事庭起訴。

動腦時間

　　本案爭點有二：其一為於收受禁止命令後雖未異議，但嗣於收受處分命令後再為異議，是否合法？。

　　其二，如第三人產物保險公司先已提出理算表，但因 A 債務人未予同意致未能確定理賠金額，是否此時即無法針對該保險理賠金進行強制執行。

法源依據

　　參見強制執行手冊第 190 頁「第三人於收受執行法院之禁止命令，雖未異議，對於執行法院嗣後所發之處分命令，仍得依同法 119 條 I 項之規定聲明異議」。

　　參見保險法施行細則第 28 條「對於賠款金額有爭議時，保險人應就其已認定賠付部份先行賠付。」，此時可主張保險公司應將原同意給付之理賠金先行交付法院再予分配。

訴狀範例

狀　　別：民事陳報狀　　　　　股別：○　股

案　　號：八十八年度執字第○○○○○號

陳報人：○○股份有限公司　　設 105 台北市○○路○號

　　　　　　　　　　　　　　　（02）2XX1-XXX1

　　　　　　　　　　　　　　　轉法務分機 305

法定代理人：○○○　　　　　　住同右

為陳報事：

　　緣接　鈞院以北院義八十八民執○第○○○○○號函通知，第三人華南產物保險股份有限公司對債務人保險理賠金之債權聲明異議，但該異議狀內對債務人債權存在並無異議，僅敘明因債務人無法認同由專業公證人作成之理算表，致無法確定保險理賠金數額。依第三人上開辯詞設若債務人永不認同，則理賠金額即永無法確定，此點與保險法施行細

催收達人の私房書

則第 28 條「對於賠款金額有爭議時，保險人應就其已認定賠付部份先行賠付。」規定顯有未洽。依異議內容是否合於強制執行法第一百十九條第一項規定之事項，執行推事有為審查之職責（76.2.20 廳民二字第一八八六號復台高院函參照）。特陳請

　　鈞院以該異議以不合法為由駁回，甚感德便。

　　此　　致
台灣台北地方法院　民事執行處　　　　　　公鑒

中 華 民 國　　八　十　八　年　X　月　X　日

　　　　　　　　具　狀　人：○　○股份有限公司
　　　　　　　　法定代理人：○　○　○

10 催收新策略篇

重整公司聲請緊急處分時，應如何對抗

面臨公司緊急處分時

許多上、市櫃公司在面臨公司危機時會聲請公司重整，但是是以「以重整之名、行脫產之實」，而行庫一碰到公司聲請緊急處分後就束手無策，其實這裡面是有法律漏洞的：通常緊急處分是由債務人公司或其人頭出面聲請的，因此法院所核發的緊急處分裁定會一面倒向債務人；其實依公司法第 287 條規定其中有許多條文是有平衡設計的，但是依我國法治「當事人進行主義」的設計，因為當事人未提出聲請，法院當然不會主動發給對債權人有利的裁定。

以下是債權人可以思考的新方向：

第一：「公司法第 287 條法院為公司重整之裁定前，得因公司或利害關係人之聲請或依職權，以裁定為左列各款處分」。設若法院真的核發了對債務人公司較有利的裁定，其實債權人行庫也可以「利害關係人身份」向法院重新聲請一份裁定。

207

　　第二：例如說若是債務人有心「以重整之名、行脫產之實」時，此時所聲請緊急處分裁定通常內容會是針對債務人行使債權所加之諸多限制，例如說「公司法第 287 條第一項第三款對公司行使債權之限制及第四款公司破產、和解或強制執行等程序之停止」，但是對債務人公司較不利的條款卻隻字未提「公司法第 287 條第一項第三款公司履行債務之限制及第六款公司負責人，對於公司損害賠償責任之查定及其財產之保全處分」。

　　第三、公司法第 287 條第一項第六款「公司負責人」，按照相關法令規定（經濟部 81.04.28 商字第 208492 號函）：「公司之經理人，在執行範圍內，亦為公司之負責人。」所稱之經理人者，依同法第二十九條第一項、第三十八條可分為總經理、副總經理、協理（實務上有爭議）、經理及副經理等五種。因此除通常擔任連帶保證人之董事長、總經理外，凡副經理以上的經理人都可視為廣義的負責人，因此依法尚可聲請更正裁定：依公司法第 287 條第一項第六款公司負責人其財產之保全處分。亦即可針對債務人公司副經理及以上之經理人聲請更正裁定准予對其個人財產進行假扣押（條文內並未提及需提供擔保，金融研訓院講師及筆者均認不必提供擔保）。

　　但前開方法的真正目的其實並不是要「鎖死」經理人的財產，而是行庫最怕債務人利用 180 天緊急處分期間內脫產完畢，如果能以這種方式「綁架」經理人作為「污點證人」，亦可於債務人脫產知悉其財產或隱藏性資產動向，而能事先預防。

（本篇感謝金融研訓院企業重整課程鄭大榮、楊曉邦講座及新公司法課程楊德庸講座）

公司法第 287 條

法院為公司重整之裁定前，得因公司或利害關係人之聲請或依職權，以裁定為左列各款處分：

一、公司財產之保全處分。

二、公司業務之限制。

三、公司履行債務及對公司行使債權之限制。

四、公司破產、和解或強制執行等程序之停止。

五、公司記名式股票轉讓之禁止。

六、公司負責人，對於公司損害賠償責任之查定及其財產之保全處分。

前項處分，除法院准予重整外，其期間不得超過九十日；必要時，法院得由公司或利害關係人之聲請或依職權以裁定延長之；其延長期間不得超過九十日。

前項期間屆滿前，重整之聲請駁回確定者，第一項之裁定失其效力。

法院為第一項之裁定時，應將裁定通知證券管理機關及相關之目的事業中央主管機關。

經濟部 81.04.28 商字第 208492 號函：

按公司法第八條第二條規定：「公司之經理人，在執行範圍內，亦為公司之負責人。」所稱之經理人者，依同法第二十九條第一項、第三十八條可分為總經理、副總經理、協

理、經理及副經理等五種。但實務上最高法院 71 台上 852
號判決:「依公司法第二○八條第三項之規定,股份有限公
司由董事長對外代表公司。雖同法第八條第二項又規定公司
之經理人在執行其職務之範圍內亦為公司負責人,但依公司
法第三十八條所設之協理,僅係轉佐經理之性質,同法第八
條第二項之規定,於協理定無準用餘地,此參同法第三十九
條之規定自明。因此民法第五五五條之規定,於公司之協
理,亦難認有其適用。」

如何聲請調查債務人資金真正往來帳戶

　　當客戶發生違約情事時，通常首先會進行聲請假扣押裁定程序，待法院發給假扣押裁定後，再持該裁定向國稅局聲請抄錄客戶之所得、財產資料，但因報稅時間差及國稅局建檔等因素，所查得資料約有 1.2-1.5 年的落差，但即便有時間上落差該份資料仍十分寶貴，可作為執行上有無可供執行資產之參考。（且能查詢國稅局報稅資料亦為稅捐稽徵法修正後才賦與債權人之權利，以往是想查也查不到）

　　現在回過頭想客戶發生違約情事前，大部分均經歷過一段財務惡化的過程，通常客戶也會瞭解「違約後銀行帳戶係處於隨時都會被假扣押的狀態」，但是會了維持公司的運作，通常會以幾種方式迴避：1.不開票，大量使用現金，2.每日公司盡量不放現金，而是放在附近的保管箱內，3.如實在無法避免使用票據，未曾往來過的行庫開立新帳戶，另亦不要該行庫有借貸關係，因為只要有貸放關係，就會在聯合徵信中心資料中曝光。

　　但一般公司行號因為不屬聯合徵信中心會員（據悉聯徵中心亦不能直接查詢開戶資料，僅能查詢放款等相關信用資料），且新開立帳戶在國稅局資料中因時間差因素又未能查得，即令將查得銀行帳戶全數假扣押亦因行庫行使抵銷權而扣不到大筆款項，因此「如何才能查出客戶公司資金真正往來帳戶」成了假扣押的致勝關鍵。

　　因洗錢防制法中規定開戶資料需匯報至法務部洗錢防治中心，但因其與行政執行處同樣隸屬法務部，因其資訊相互流用的關係故行政執行處（即國家的討債機關）能獲得最新開戶資料，故民間債權人相對處於劣勢；但前開開戶資料因無法律授權而相互流用亦有侵犯人民隱私權之嫌，故法務部制訂「金融帳戶開戶查詢系統使用管理要點」以供「執行犯罪偵查、審判及專責行政執行業務之需要」。

　　但一、「司法院所屬各級法院」亦為有權調閱機關之一，而法務部亦為強制執行法所訂之知悉債務人財產之人，依「司法院司法業務研討會第 37 期」問題討論結果認「法院不得拒絕，應依債權人之聲請調查之」；二、或謂該使用管理要點係專供「執行犯罪偵查、審判及專責行政執行業務之需要」，民事執行不屬前開使用範圍內，但管見認「強制執行法」位階高於該使用管理要點，法務部無權拒絕提供債務人開戶資料。

　　但必須釐清的是，筆者尚未實際以下開範例聲請執行，故其成功機率尚不得而知，但催收人員都知道各法院（官）的認定範圍都有不同，既然知道有此管道自得依法聲請調查債務人最新開戶資料，設若只要真的查到客戶資金真正往來帳戶，即掌握到催收的制勝關鍵。

民事聲請調查債務人財產狀

股別：○股

案號：94年度裁全字第○○○號

聲請人

即債權人：○○電腦實業股份有限公司　　設：台北市○○
　　　　　　　　　　　　　　　　　　　　　路○○號○○樓

法定代理人：○○○　　　　　　　　　　　住：同上

送達代收人：○○○　　　　　　　　　　　住：同上

債務人：○○科技股份有限公司　　　　　　設：台北市○○
　　　　　　　　　　　　　　　　　　　　　街○○號4樓

法定代理人：○○○　　　　　　　　　　　住：同上

第三人：法務部　　　　　　　　　　　　　設：台北市重慶
　　　　　　　　　　　　　　　　　　　　　南路一段130號

法定代理人：施茂林　　　　　　　　　　　住：同上

為聲請調查債務人財產事：

　　聲請人即債權人與債務人間之假扣押事件，業經　鈞院民國（下同）九十四年度六月十七日裁全字第○○○號裁定（聲證一），並辦妥提存在案（聲證二）。因聲請人日前向稅捐機關查調結果無法獲知債務人現在確切之財產資料（聲證三），為此請求　鈞院依據「金融帳戶開戶查詢系統使用

213

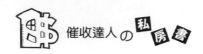

管理要點」向法務部申請使用「金融帳戶開戶查詢系統」調
查債務人的行庫開戶最新資料，以利執行。

　　　謹　　狀
臺灣士林地方法院民事執行處　公鑑

聲證一：九十四年六月十七日裁全字第○○號裁定影本
聲證二：提存書。
聲證三：財政部臺北市國稅局 93 年度綜合所得稅各類所得
　　　　資料清單影本
　　　　　　　　　具狀人：○○電腦實業股份有限公司
　　　　　　　　　法定代理人：○○○

中華民國　九　十　四　年　七　月　○　○　日

金融帳戶開戶查詢系統使用管理要點

（民國 93 年 07 月 21 日修正）

一、為有效取得金融帳戶開戶資訊，兼顧維護金融資訊秘密，特訂定本要點。

二、下列機關因執行犯罪偵查、審判及專責行政執行業務之需要，得使用「金融帳戶開戶查詢系統」（以下簡稱本系統）：

（一）司法院所屬各級法院。

（二）法務部及所屬各級檢察署。

（三）行政院海岸巡防署。

（四）內政部警政署及所屬各縣市政府警察局。

（五）國防部所屬各級軍事法院及軍事檢察署。

（六）國防部憲兵司令部。

（七）法務部調查局。

（八）法務部行政執行署及所屬各行政執行處。

三、前點所列機關為使用本系統，應向法務部提出申請，經審核准許後，由法務部通知申請機關，並副知財金資訊股份有限公司發給 IC 卡及密碼。

四、第二點所列機關於申請取得 IC 卡及密碼後，應指派專人使用並負責保管。使用人職務異動、調職或離職時，應將 IC 卡及密碼交付經機關指派之接辦人員；接辦人員取得 IC 卡及密碼後，應即進入本系統更改密碼。各機關就其使用人之指派或異動等情形，應即函知法務部。

五、非第二點所列機關指派之專責使用人，不得使用本系統。但因軟體設備維修或其他特殊需要，經機關首長或其授權人員事前之同意者，不在此限。

六、使用人有下列行為之一者，法務部得停止其使用本系統，並函請其機關首長議處；其涉及刑事責任者，依法究辦：

（一）盜用他人或系統管理者權限。

（二）進行侵害智慧財產權之行為。

（三）無故洩漏其使用之密碼或遺失、損壞其保管之ＩＣ卡。

（四）無故洩漏工作上所接觸應保密之資訊。

（五）其他違法或重大不當之行為。

七、各使用機關因公務需使用本系統之人員，應填具查詢單（格式如附件一），經機關首長或其授權人員核准後，交由專責使用人代為查詢，專責使用人應將查詢單留存備查。

八、各使用機關應指定適當之主管級以上人員，每月抽查請求查詢之列印查詢紀錄，檢查查詢紀錄是否皆有核可之查詢單及查詢資料是否合於第二點之規範目的，抽查比例至少為百分之一。抽查應作成查核紀錄（格式如附件二）並將抽查結果陳報機關首長。第二點所列機關應於每年二月底前彙總上年度抽查結果及處理情形（格式如附件三）函知法務部。

九、法務部為確保各機關無違法或不當使用本系統情事，得向第二點所定機關調取前點之查核紀錄進行查核。

儘速取回提存金的新方式

當客戶發生違約情事時，法務人員首先最需要做的就是：研判客戶違約原因並透過談判徵提擔保品／人，其次就是透過假扣押／假處分設法將客戶未及脫產的資產／應收帳款先禁止其處分，日後再針對前開業遭假扣押資產求償，才不會待勝訴後只落得剩張紙（債權憑證）的悲慘命運。

但是就法律制度的設計面言，假扣押／假處分因為其權利義務尚未經過法院實體審核，故需設計擔保金制度作為不當假扣押的損害賠償準備金，實務上假扣押擔保金約為求償金額的 1/3～全額，假處分則約為 80%～全額，免徵提擔保金的印象所及僅有二例：921 受災戶及證券投資人保護中心（詳見催收小趣聞）。

通常擔保金的取回約有三種方式：一、以（或等同於）確定判決領回，二、經受擔保義務人同意領回，三、催告限期起訴，經法院裁定後領回；其中最快的方式當然是第二種，因此當我們在與客戶進行談判且達成協議時，請客戶簽立「取回提存物同意書」即為談判的重要事項之一（其餘詳見－違約談判篇）。

除取回提存物同意書外提存所尚須審核所蓋立印鑑是否真實，因此公司戶尚須檢附三個月以內變更事項登記卡影本、個人戶需檢附印鑑證明；但通常不會攜帶印鑑證明帶在

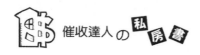

身上，且違約談判如不能一次解決將增加許多變數，如今天
談完 OK 了說好三天後送印鑑證明過來，但明天就跑路或被
其他債權人架走了，因此筆者強烈建議如果達成協議，最好
依下列方式進行以便儘速取回提存金：

一、就是連同受擔保義務人（就是財產被假扣押的那個人，
　　注意，如果原先假扣押聲請狀寫三個人，那最好就是三
　　個人一起去）攜帶國民身份證一同至法院提存所辦理。

二、但是因為大多數人對法院有恐懼症，要邀同去法院不如
　　把他殺了，這時可以至民間公證人或經法院核可認證事
　　務的律師事務所處辦理取回提存物同意書的私文書認
　　證，認證費用約需 NT600 元。

　　至於公證人及經法院核可認證事務的律師事務所可以
至司法院網址（www.judicial.gov.tw），業務宣導區→公證
業務專區中查詢公證人資料。

（以下是由內政部網站抄錄的因應印鑑登記辦法廢止後之替代措施）

各位女士、先生：大家好！
為達行政革新、簡政便民，請您自九十二年一月一日起參照替代措施（如一覽表）逕向原使用印鑑證明之機關洽辦。戶政事務所將於九十二年七月一日起，不再受理印鑑登記及核發印鑑證明。

各機關（構）因應印鑑登記辦法廢止後之替代措施一覽表

業　務　項　目	替　代　措　施	主管機關（構）
公證、提存	一、 當事人攜帶國民身分證親自辦理；或 二、 提出經法院公證處或民間公證人公證或認證之授權書	司法院

依據司法院秘書長 91.11.21（91）秘台廳三字 30165 號函轉內政部 91.10.24 台內戶字第 0910072050 號函檢附之「研商戶政機關停止辦理印鑑登記後相關機關之替代措施及宣導事宜會議」決議，同上所述。

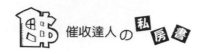

如何依動產擔保交易法自行拍賣動產

主　　旨：復　貴公司詢問動產拍賣如不經法院拍賣，得否
　　　　　自行拍賣？其流程究應如何進行？

說　　明：

一、法令依據：依民法債篇施行法第 28 條規定：民
　　法債篇所定之拍賣，在拍賣法未公布施行前，得
　　照市價變賣但應經公證人、警察機關、商業團體
　　或自治機關之證明。

二、現今實務上行庫辦理動產抵押車輛（亦為法律上
　　之動產）拍賣，亦多援引該條規定經公證人或商
　　業團體之證明而自行拍賣。

三、自行拍賣之優點如下：1.無需法院拍賣，不足部
　　分再聲請換發債證，可節省 0.8％執行費用；2.
　　無需法院拍賣免去冗長時間，且減少動產折舊；
　　3.因大多自行拍賣業已尋得買主，可先簽立預購
　　契約及收取定金。

四、自行拍賣之流程如下：

　　　　尋找鑑價公司（最好為法院所指定之鑑價公
　　司）→鑑價→訂底價＆拍賣期日→洽定民間公證
　　人〈需注意管轄問題〉→登報（需定五日以上期
　　限）→公證人蒞臨證明拍賣〈拍賣會仍需自行主

持〉→公證人製作證明書〈代理人需出具委任書〉

附件：1. 通知鑑價公司函件範本，2.自行拍賣公
　　　告範本，3.委託書範本

TO：國聯吳副總

FROM：

事由：委請代為鑑定動產價格乙事。

說明：

一、標的物明細及規格：

標的物名稱	規格及形式	製造廠牌	數量
六重式飛剪設備	厚度 0.2-2.0mm、寬度 250-1300mm	KOWA	壹組

二、動產所在位置：（因現進行拆簽中，故分二部份存放）

　1.高雄市小港區大業南路○○號。（××實業有限公司廠址）

　2.高雄縣仁武鄉仁武工業區○○路××號。

三、注意事項：

　1.因小港區廠房現委請保全人員看管中，如需前往鑑價最好先行聯絡拆遷人員並準備身份證以便登記入內。

　2.聯絡人員電話：

四、檢附文件

　動產抵押設定文件三頁。

　PLS 儘速處理，至感！

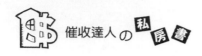催收達人の私房書

○○股份有限公司公告

主　　旨：定期拍賣債務人××股份有限公司所有之動產。

依　　據：動產擔保交易法第十八條規定辦法。

公告事項：

一、動產明細如下：

標的物名稱	規格及形式	製造廠牌	數量
六重式飛剪設備	厚度 0.2-2.0mm、寬度 250-1300mm	KOWA	壹組

備註：標的物業經高雄市建設局以高市建一動字第1483號設定動產抵押予本公司。

二、動產所在地：高雄縣仁武鄉仁武工業區○○路××號。

三、拍賣日時：民國九十一年五月三十日上午十時三十分。

四、拍賣處所：台北市○○路××號十樓○○有限公司會議室。

五、拍賣方式：本次拍賣設底價（不公開），由競標者喊價，得標後需立即將價金（票）繳付本公司。

六、其餘事項：拍定後當場點交，本公司不負瑕疵擔保責任。

七、本公告錄登事項，如與本公司公告欄揭示之公告不符時，以後者為準。

董事長　○○○

中華民國　九　十　一　年　五　月　二　十　一　日

委 託 書

立委託書人（以下簡稱立書人）	○○國際租賃有限公司
受委託人（以下簡稱受託人）	

　　立書人茲委託受託人代為處理競標六重式飛剪設備一切事宜，本委託並無限制，就前開委託範圍內受託人所為一切簽約、簽章、訴訟、和解、複委任等行為均視為立書人所親為，有完全法律上效力。

　　此致
中央租賃股份有限公司

　　　　　　　　立　書　人：○○國際租賃有限公司
　　　　　　　　法定代理人：○　○　○
　　　　　　　　住　　　址：台南縣永康市中山北路○○號
　　　　　　　　受　任　人：
　　　　　　　　身份證字號：
　　　　　　　　住　　　址：

中 華 民 國 　 九 　 十 　 一 　 年 　 月 　 日

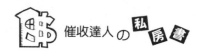

如何透過假處分方式迫使債務人出面協商

狀　別：民事假處分聲請狀

聲請人：○○股份有限公司　0XXXXXXX

　　　　　　　　　　　設 105 台北市敦化北路○號

　　　　　　　　　　　（02）2XXX-XXX1轉法務

法定代理人：○○○　　住同右　　　　　分機 305

債務人：○○股份有限公司　2XXXXXXX

　　　　　　　　　　　設 701 台南市東區○○路○○號

法定代理人：○○○　　Q12345678X　　　住同右

為聲請假處分事：

　　　　請求之標的

一、請准聲請人免供擔保或提供新台幣五十萬元或　鈞院
　　認可之擔保品，將聲請人租予債務人如附表所示置放於
　　台南市○○路○○號地下一樓之財產，依租約第四條第
　　D 項規定於明顯可辨處所予以噴漆（長 40CM、寬
　　23CM，字樣：○○公司資產（動產擔保交易物）TEL：
　　02-2XXXXXX1）假處分。

二、程序費用由債務人負擔。

　　　　請求之原因及事實

　　緣聲請人與債務人○○股份有限公司等於民國八十九
年三月簽立租賃契約乙紙（證一），內載明租賃物件包括如

附表所示十二大項設備（證二），孰謂債務人自九十年三月起即無力正常繳付租金，積欠租金部份計達新台幣壹仟壹佰肆拾玖萬肆仟元正，前開設備現置放於台南市○○路○○號地下一樓。

　　揆供擔保作用係防止於保全程序中因其法律關係未定，設若因假扣押或假處分致使供擔保人於確定勝訴後權益受損，有無法回復原狀或回復原狀甚難時，供擔保人得對該部份擔保金請求；而一、聲請人所請對標的物噴漆定暫時狀態方式並不難回復原狀，二、且為雙方簽立租約所約定方式之一，故難謂對債務人產生損害，請准聲請人免提供擔保或酌定擔保金額為五十萬元。

　　按前開標的物確有必要定暫時狀態，定暫時狀態之必要者准用假處分之規定，民事訴訟法第五三八條定有明文，且依租約第四條第 D 項規定為表彰出租人權利得加烙印、貼紙及金屬片等方式為之，民事訴訟法第五三五條規定「假處分所必要之方法，由法院酌量定之。」，恐債務人變賣資產致日後有不能執行之虞，為此依民事訴訟法第五三二條及第五三三條之規定，願供擔保，以代釋明，特檢附租賃契約影本乙份，狀請

　　鈞院鑒核，賜准聲請人所請，俾利保全，實為德便。

　　證　　據
證　一：租賃契約影本乙紙。
證　二：租賃設備照片乙批。

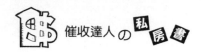催收達人の私房書

　　此　　致
台灣台南地方法院　民事庭　　　　　　公鑒

中 華 民 國 　九 　十 　年 　X 　月 　X 　日

　　　　　　　　具　狀　人：○　○股份有限公司
　　　　　　　　法定代理人：○　○　○

如何針對工程款項向法院聲請附條件扣押令

法院例稿　　　（附條件扣押令）

台灣○○地方法院執行命令　　中華民國○年○月○日
　　　　　　　　　　　　　　○院○執字第○○○○號

受文者：第三人○○○
　　　　債務人○○○

副本收受者：債權人○○○

主　　旨：務人○○○對第三人○○○之工程款債權，於條
　　　　　件成就得收取時，禁止債務人對第三人收取或為
　　　　　其他處分，第三人亦不得對債務人清償，請查照。

說　　明：院前於○年○月○日以院○年直字第○○○號
　　　　　執行命令扣押債務人對第三人之工程款債權，第
　　　　　三人具狀稱該工程目前尚未竣工辦理結算驗
　　　　　收，無法確定有無債權云云，故原執行命令應予
　　　　　撤銷。本院改發附條件扣押命令，如該工程竣工
　　　　　驗收時，債務人有債權存在，仍應予以扣押。

　　　　　　　　民事執行處
　　　　　　　　法　　官

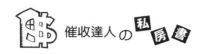

如何避免第三人以退貨方式規避應收帳款的
假扣押方式

針對第三人應收帳款執行的新方式

　　一般而言，針對第三人應收債款執行只要能事先知悉其出貨廠商（可由原始徵信卷宗及由同業或其他下游等方式打聽）成功率大約有三成，筆者即曾針對某開飲機廠商扣得其應收帳款四百餘萬，因為假扣押執行基本上是在比誰的速度快，如能在客戶尚未將應收帳款請領之前先行假扣押，我方就先立於不敗之地。

　　但前開針對應收債權的假扣押執行要慎用，因為該方式基本上算是「雙面刃」，因為如客戶還要繼續經營下去時，我們針對其應收帳款執行等於斬斷其出貨，客戶再無變現或繼續出貨的機會（其實還是有的，請大家腦筋急轉彎一下），因此客戶僅餘該業已扣得應收帳款及擔保品可供追索。

　　但針對未收取應收帳款的執行有下列可能而無法扣得：一、客戶業已將該應收帳款讓於行庫作應收帳款融資，二、因出貨廠商與客戶關係良好，不願配合與其毫無關聯之行庫，而將原應收帳款改以退貨方式處理，遂以「無應收帳款可供扣押」回報法院。

而第一種方式因應受帳款已讓與行庫自然無法扣得，但第二種方式可以在聲請狀上作點手腳，即聲請執行標的為「一、債務人對第三人所得收取之應收帳款，及二、若第三人主張解除契約，對債權額○○以內之准予扣押該批前已售出之產品」（詳訴狀例稿）

民事假扣押執行聲請狀

股別：康股
案號：94 年度裁全字第○○○○號
聲請人
即債權人：○○電腦實業股份有限公司　　設：台北市○○路○○號○樓

法定代理人：○○○　　住：同上
送達代收人：○○○　　住：同上

債務人：○○科技股份有限公司　　設：台北市○○街○號○樓

法定代理人：○○○　　住：同上

第三人：○○科技股份有限公司　　設：台北市○○街○號○樓

法定代理人：○○○　　住：同上

為聲請假扣押執行事：

一、執行名義

　　貴院受理民國（下同）九十四年度六月十七日裁全字第
○○○○號（聲證一）債權人與債務人間假扣押事件，業經
裁定准許（強制執行法第四條第一項第二款），並經債權人
提供擔保在案（強制執行法第四條第二項），請移送假扣押
執行。

二、執行標的及方式

　　查債務人公司對○○○股份有限公司（○○○公司）有
貨款債權尚未收取，依據強制執行法第一百一十五條第一
項：「就債務人對於第三人之金錢債權為執行時，執行法院
應發扣押命令禁止債務人收取或為其他處分，並禁止第三人
向債務人清償。」，請求　鈞院於新台幣○○元整之範圍內
准予扣押此債權。

　　若○○○公司對債務人公司主張業解除契約致債務人
公司對○○○公司無應收貨款債權存在，而債務人公司對該
批前已售出之產品自得依民法第 767 條之規定請求返還
者，茲依據強制執行法第一百一十六條第一項：「就債務人
基於債權或物權，得請求第三人交付或移轉動產或不動產之
權利為執行時，執行法院除以命令禁止債務人處分，並禁止
第三人交付或移轉外，如認為適當時，得命第三人將該動產
或不動產交與執行法院，依關於動產或不動產執行之規定執
行之。」，請求　鈞院在新台幣○○元整之範圍內准予扣押
該批前已售出之產品。

　　謹　　狀

臺灣士林地方法院民事庭　公鑑

聲證一：九十四年六月○日裁全字第○○○○號裁定影本

　　　　　　　　具狀人：○○電腦實業股份有限公司

　　　　　　　　法定代理人：○○○

中　華　民　國　　九　　十　　四　　年　七　月　　○　　日

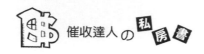

是否可針對勞工退休金進行扣押

　　基本上，以往多未針對勞工退休金部分進行扣押執行，因為公務人員退休法第 14 條規定「請領退休金之權利，不得扣押、讓與或供擔保」，故此項請領退休金權利，不得作為強制執行客體，至若債務人已領出或轉存銀行之退休金實務上應可執行；但今年 5 月 13 日司法院大法官會議第 596 號解釋文（全文詳附錄）認為「勞基法未禁退休金請求權讓與、抵銷、扣押或供擔保，並不違憲」，將勞工退休金與公務人員退休金作了明確區分，因此勞工退休金應可作為強制執行客體。

　　但實務上，針對勞工退休金執行尚有類似工程款執行的難處，亦即扣押勞工退休金如尚未到勞工申請退休的期間，第三人（即雇主）會以尚無退休金可供扣押為由異議；而勞工已領出或轉存銀行之退休金又比照動產執行程序，需發現動產所在才能執行，因此針對其退休金執行毫無實益。

　　但現因勞動基準法修正及大法官 596 號解釋而有不同，選擇新制退休制度的因現採行個人帳戶制度，據悉勞委會有意在施行一年後將提出修法版本，但在尚未修法之前依據大法官 596 號解釋該勞工退休金個人帳戶應可為執行標的客體，等於在法律尚未修補前開了一扇催收的大門，催收人員實在應該好好利用。

　　至於採用舊制退休金制度，因為在勞工未達退休要件之前，勞工退休準備金歸屬於雇主，筆者建議的執行方式為，比照工程款的附條件扣押方式（詳附件－附條件扣押令），待條件成就（即勞工申請退休）時即可進行扣押、收取。

解釋字號：
釋字第 596 號
解釋日期：
民國 94 年 5 月 13 日
解釋爭點：
　　勞基法未禁退休金請求權讓與、抵銷、扣押或供擔保，違憲？
解釋文：
　　憲法第七條規定，中華民國人民在法律上一律平等，其內涵並非指絕對、機械之形式上平等，而係保障人民在法律上地位之實質平等；立法機關基於憲法之價值體系及立法目的，自得斟酌規範事物性質之差異而為合理之差別對待。國家對勞工與公務人員退休生活所為之保護，方法上未盡相同；其間差異是否牴觸憲法平等原則，應就公務人員與勞工之工作性質、權利義務關係及各種保護措施為整體之觀察，未可執其一端，遽下論斷。勞動基準法未如公務人員退休法規定請領退休金之權利不得扣押、讓與或供擔保，係立法者衡量上開性質之差異及其他相關因素所為之不同規定，屬立法自由形成之範疇，與憲法第七條平等原則並無牴觸。

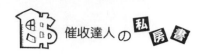催收達人の私房書

聲請夜間執行

訴狀範例　　（聲請夜間執行）

狀　　別：民事強制取回聲請狀

訴訟標的金額或價額：新台幣　壹佰萬零千零百零十零元零角
　　　　　　　　　　　　　　元整

聲請人：○○股份有限公司　　設 105 台北市○○路○號

　　　　　　　　　　　　　　（02）2XXX-XXX1　轉法務

法定代理人：○○○　　　　　住同右　　　　　　分機 305

債務人：○○客運股份有限公司　XXXXXXXX

　　　　　　　　　　　　　　設 702 台南市南區○

　　　　　　　　　　　　　　○路○號

法定代理人：○○○　D12345678X　住同右

為聲請強制執行取回附條件買賣標的物事：

　　聲請人原公司代表人係 XXX 先生，業於民國八十四年
十一月更換公司代表人為○○○先生，茲檢附經濟部公司執
照為憑〔證一〕，合先敘明。

一、緣債務人○○汽車客運股份有限公司前於八十四年十
　　月二十三日以附條件買賣方式向聲請人購買如附表所
　　示之特大營業客車共十一台，並經台灣省公路局嘉義區
　　監理所以八十四南動登○○○○○號、八十四南動登○
　　○○○○號登記在案。（證二）

二、詎債務人於八十五年三月起即無力支付買賣價金,其為支付買賣價金所簽發之支票經提示竟遭退票(證三),顯已違反買賣契約之約定。

三、聲請人以附條件買賣出售之車輛為遊覽車型式,專供不特定團體租用遊覽(例如:進香、學生畢業旅行、私人機構團體旅行),其行使路線不特定,除有連續假日,大多於夜間十二時後置放於保養廠,即鈞院轄區內,台南市南區○○路○號。但因執行標的之車輛為遊覽車,日間皆營業在外,且恐有職工抗爭或隱匿執行標的情事,而無法順利執行,為此爰依強制執行法第五十五條第一項規定,懇請鈞院定期於日沒後為執行,甚感德便。

四、執行標的依市價(證四)認定價值為新台幣壹佰萬元整,據此為執行標的價額,並此敘明。

五、本件執行標的並非供台南市民於縣市區內交通使用,無礙大眾運輸功能。

　　為此,爰依附條件買賣契約書第九條、第十三條及動產擔保交易法之規定,狀請

　　鈞院鑒核,賜准予強制執行取回附條件買賣標的物,並速定執行期日,俾維權益,至感法便。

　　　證　　據

證一:經濟部公司執照影本乙份。

證二:附條件買賣契約書正本乙份。

證三:支票及退票理由單影本乙份。

證四:估價單影本乙份。

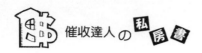

此　　致
台灣台南地方法院　民事執行處　　公鑒

中 華 民 　 國 　 九 　 十 　 年 　 X 　 月 　 X 　 日

　　　　　　具　狀　人：○○股份有限公司
　　　　　　法定代理人：○　○　○

11 附錄篇

強制執行法民國 91 年修正要點：

一、增定委託民間辦理強執行案件之法源依據：

　　為促進強制執行程序之進行，增定執行法院得委託經主管機關認可之公正第三人或司法院認為適當之人辦理關於金錢請求權之執行。（第三條第二項）

二、降低徵收債權人參與分配執行之執行費

　　為發揮司法為民之精神，降低徵收債權人參與分配之執行費為二分之一。（第二十八條之二第二項）

三、加強查封不動產之現狀調查並提供閱覽筆錄等

　　為提高民眾對於拍賣不動產之應買意願，確定不動產之權利狀態並備置有關資訊提供閱覽，應屬必要，爰明定查封不動產應即為現況調查、製作筆錄並備妥現況調查筆錄、查封筆錄及不動產估價書影本提供閱覽。（第七十六條、第七十七條、第八十條之二）

四、改進公告拍賣程序

　　為避免程序浪費及保障債務人之財產權，修正減價拍賣次數為五次，第五次減價拍賣後進行公告拍賣；公告拍賣期

間經過後無人應買時，執行法院應限期通知債權人承受，債務人不願承受或依法不得承受時，視為撤回不動產之執行。（第九十五條）

五、提供便利拍賣不動產之買受人向金融機構申辦融資之管道

為促進金融機構辦理對於拍賣不動產買受人提供融資之業務，便利買受人得利用金融機構融資標購拍賣之不動產，增訂買受人向金融機構貸款者，於繳足拍定價金之同時，得提出與金融機構訂立之抵押權設定契約書、登記申請書及身份證明文件，聲請執行法院併同權利移轉證書送交登記機關辦理權利移轉登記及抵押權設定登記。（第九十七條第二項）

六、擴大拍賣不動產之點交範圍

為提高民眾對於拍賣不動產之應買意願，修正拍定之不動產原則上應予點交，占有人主張有得對抗買受人之法律上原因涉及實體爭執者，得提起異議之訴。（第九十九條）

新強制執行法修正後金融機構採行之
因應配合措施

一、強化執行機關之調查功能（§19）

　　金融機構因應措施：金融機構得充分運用該項規定收請法院調查債務人財產，惟在案件繫屬於法院之前，仍應先行瞭解債務人財產狀況，以便辦理保全程序時得以迅速扣押。

二、明訂債權人不為一定行為時之失權效果（§28-1）

　　金融機構因應措施：對於法院通知限期辦理事項，應即依限辦理，應繳費用亦須於限繳日前按規定繳納，俾免喪失繼續強制執行之權益。

三、提高執行費之徵收標準並規定參與分配亦需繳納執行費用（§28-2）

四、限制得就強制執行之財產優先受償之費用（§29）

　　金融機構因應措施：強制執行程序終結後，執行費如未全部受償，而法院不發債權憑證，或未將執行費列載於債權憑證，該執行費即有取得執行名義之必要，應依§29 I 聲請執行法院裁定確定之。

五、規定得參與分配之債權，以有執行名義或對於執行標的物有擔保物權或優先受償權之債權者為限（§34）

　　金融機構因應措施：抵押權設定契約書中，如約定將實行抵押之費用或債務人應負擔之法律程序費用等列入以抵

催收達人の私房書

押權可擔保之債務及範圍內者,尚得將拍賣抵押物之裁定費用於實行抵押權時,併入最高限額抵押權擔保範圍,故對抵押物聲請強制執行時,有關取得執行名義之費用,宜先聲請法院裁定確定其數額,以利追償。

六、明訂債權債務人對分配表均有益亦權,且不以金額之計算及分配之次序為限(§39/§40/§41)

金融機構因應措施:

收到執行法院分配表應確實核對,如有異議時,應於分配期日一日前將異議聲明狀送達法院。

七、改進不動產之查封方法(§76)

金融機構因應措施:於聲請強制執行時,金融機構宜於聲請狀內敘明應受執行之不動產標示,並檢附最新之土地及建物登記謄本。

八、增訂「無益執行」之處理程序(§80-1/§113)

金融機構因應措施:有關「無益執行」之案件若欲繼續拍賣,應設法蒐集相關資料證明該不動產賣得價金有剩餘可能或指定超過該項債權及費用總額之拍賣最低價額,並依各該機構內規儘速簽報核可後聲明如未拍定願負擔其費用而向法院聲請拍賣俾得確保債權。

九、明定債權人欲承受不動產者須於當次拍賣期日終結前聲明之(§91)

金融機構因應措施:拍賣期日原則上應派員到場,若有特殊原因無法到場者,亦須隨時瞭解拍賣結果,若有承受之意願,事前應依各該金融機構內規之規定簽准後,於當次拍賣期日終結前聲明之。

240

十、限制不動產拍賣之次數並增訂「特別拍賣程序」（§95）

金融機構因應措施：

A. 於法院詢價時，除對法院所定拍賣底價認為妥適無異議外，應確實評估押品價格並派員至法院表示意見，催收經辦人員並應隨時注意法院鑑價情形。

B. 為免所定底價太高而增加拍賣次數，提高底價之聲請宜慎重辦理。

C. 如已預知屆期（最後一次）拍定有困難者，亦應採其他債權保全措施。

十一、強化執行人員調查不動產佔有使用狀況之職權並增訂第三人無權占有不動產在查封前者亦負有交出不動產之義務（§77-1/§99）

金融機構因應措施：辦理授信或催收業務時，對於擔保品使用情形之瞭解務必確實，且需預留有利於金融機構之證據，於執行程序進行中並得充分運用上述規定，請法院查明不動產使用情形，俾減少拍賣之阻力。

十二、明定不動產抵押權原則上因拍賣而消滅（§98）

金融機構因應措施：應儘速全面對催收案件加以檢視，如發現有以聲明保留抵押權方式處理之案件，宜即具狀參與分配以確保債權。

非訟事件法修正及新增重點

一、本票發票人將得向法院聲請提供擔保，停止強制執行。不過發票人在聲請法院裁定停止強制執行時，必須向法院提起訴訟，主張債權不存在。但執票人也可以向法院聲請，裁定准許提供相當擔保後，繼續強制執行。

二、現行法關於法定抵押權人或其他未經登記擔保物權人聲請拍賣擔保物時，債務人就擔保債權有所爭執，明訂如何處理。

三、目前最高限額抵押權人聲請拍賣時如何確定債權額，都沒有明文規定，該法新增相關規定，以利適用，並保障債權人權益。例如新增第七十四條，最高限額抵押權人聲請拍賣抵押物事件，法院在裁定前，就抵押權所擔保的債權額，應使債務人有陳述意見的機會。

四、為因應信託法的施行，該法新修增訂關於信託事件章節，將信託法中與法院業務有關的非訟事件含管轄權等明文規定。例如信託法規定，信託除營業信託及公益信託外，由法院監督。為便利法院就近實施監督的責任，信託事務的監督，由受託人住所地的法院負責；而且法院得依職權解任信託的監察人，並同時選任新信託監察人。

金融機構面對企業重整浮濫因應對策

一、企業重整內容對債權銀行不利時，應立即向法院反對其重整立場。

二、若證實企業的負債大於資產時，應主動向法院聲請對該企業宣告破產，經營不善的企業是否有重整價值，其淨值多寡應是一項客觀的判斷指標，若重整企業負債已大於資產，且無法得到債權銀行支援時，即應向法院聲請對該企業宣告破產。

三、債權銀行代表應積極爭取擔任重整計畫的監督人，適時參與企業重整，使重整計畫順利推動。

四、建議經營不善公司的原任董事，不宜被選任為重整人，避免讓錯誤的經營策略繼續發酵。

公司重整破產法草案特點：

一、自動凍結制度：

　　在重整或破產聲請後，債務人禁止進行減少債務人的財產、所有有關財產的訴訟、非訟及強制執行等程序都一律停止。

二、設置保全管理人：

　　聲請重整後，法院可指定保全管理人，比免公司在法院裁定前掏空公司，保全管理人可代行董事會職權，並受法院監督。

三、鼓勵新融資提供：

　　法院許可重整公司籌措新資金。公司可以提供新貸與人提供擔保，並經原有債權人同意或法院准許下，給予「新貸與人第一優先權」，並確保其第一受償順位。

四、以債作股的解決方案：

　　對財務困難的公司來說，如准許以債作股的方式發行新股，較易獲得債權人的支持，也方便辦理公開發行新股來籌措資金。

（以上摘自會計月刊 239 號）

代標公司費用簡表

項目	服務內容	費用	計算方式
代寫標單	填寫投標單、車馬費	3,000 元	（件）
警察	聲請警察派遣協助	1,000 元	（工資）
開鎖	安排鎖匠	500 元	（工資）
申請書函	各項申請書、聲請狀、契約書、通知書、切結書、存證信函等	1-5,000 元	（件）／☆
神明安遷	遷移神明安渡費	10,000 元	（尊）／☆
祖先牌位	安置祖先牌位	10,000 元	☆
水電瓦斯	回復水電瓦斯	1,000 元	（件）
自用住宅	改按自用住宅課稅	2,000 元	（件）
營業遷移	原債務人營業登記遷移	2,000 元	（件）
戶籍遷移	原債務人戶籍遷移	2,000 元	（件）
管理費／停車費	處理管理費／停車費	5,000 元	（次）

☆：表示繁複案件另議。

催收達人の私房書

各級法院辦案期限實施要點

（民國 94 年 05 月 17 日修正）

一、（本要點之適用）

　　法院辦案之期限，除法令另有規定外，適用本要點之規定。

　　行政法院之辦案期限另定之。

二、（填報遲延案件月報表）

　　案件自收案之日起，逾下列期限尚未終結者，除由院長負責督促迅速辦理外，並按月填具遲延案件月報表，層報本院：

　　（一）民刑事簡易程序第一審審判案件逾十個月。

　　（二）民刑事通常程序第一審審判案件、民事執行事件及公司重整事件逾一年四個月，破產事件逾二年。

　　（三）少年或兒童調查、保護、重新審理、抗告及執行案件逾八個月。交付觀察期間，不計入審理之期限。

　　（四）交通聲明異議及抗告案件逾五個月。

　　（五）檢肅流氓審理及執行案件逾十個月。

　　（六）社會秩序維護法案件逾三個月。

　　（七）民刑事第二審審判案件逾二年。

（八）民刑事第三審審判案件逾一年。

（九）民刑事抗告案件逾六個月。但破產事件及公司重
整事件之抗告案件逾一年四個月。

（十）民事小額訴訟程序第一審審判案件逾六個月。

（十一）民事通常保護令事件逾三個月，民事暫時保護
令事件逾二個月。

（十二）其他聲請或聲明案件逾五個月。

三、（注意正確性及辦案速度）

案件之進行，除注意正確性外，對於結案平均日數，及
遲延案件件數，均應注意避免超過管考基準。各法院如發見
有超過管考基準情形，應即自行查明原因，設法改進。

四、（遲延案件之期限與管制）

案件自收案之日起，逾下列期限尚未終結者，由書記處
（廳）會同有關單位報請院長核閱後，通知承辦人員，促其
注意：

（一）民刑事簡易程序第一審審判案件逾七個月。

（二）民刑事通常程序第一審審判案件，民事執行事
件、破產事件及公司重整事件逾一年。

（三）少年或兒童調查、保護、重新審理、抗告及執行
案件逾六個月。

（四）交通聲明異議及抗告案件逾四個月。

（五）檢肅流氓審理及執行案件逾七個月。

（六）社會秩序維護法案件逾二個月。

（七）民刑事第二審審判案件逾一年六個月。

（八）民刑事第三審審判案件逾九個月。

（九）民刑事抗告案件逾五個月。但破產事件及公司重
整事件之抗告案件逾一年。

（十）民事小額訴訟程序第一審審判案件逾四個月。

（十一）民事通常保護令事件逾二個月，民事暫時保護
令事件逾一個月。

（十二）其他聲請或聲明事件逾四個月。

五、（編列遲延案件月報表）

遲延案件月報表應按承辦人員及受理案件之先後，依次
編列。每月編列次序，應與前月相同。

前項承辦人員，於行合議審判案件之法官，指受命法官
而言。

最高法院不列報承辦人員。

六、（造具月報表之程序）

各法院承辦書記官，就其承辦之案件，逾第二點所定期
限，尚未終結者，應按月據實造具遲延案件月報表（如格式
一），經法官核閱後送交科長裝訂成冊，加具封面（地方法
院及高等法院如格式二、最高法院如格式三）送庭長核閱、
會統計人員後送請院長核定。

前項遲延案件月報表，地方法院應繕具一式二份，於翌
月十五日前陳報高等法院，由高等法院文書科作成該院及所
屬各法院遲延案件統計表（如格式四），會統計人員送請院
長核定後，連同該院及所屬法院遲延案件月報表各一份，於
該月二十五日前報院。

最高法院遲延月報表應繕具一式二份,於翌月十五日前報院。

七、(承辦人員更易時之處置)

案件進行中,承辦法官有更易時,應於遲延案件月報表備考欄內,註明原承辦法官之姓名,並記載其接辦日期,承辦書記官欄,應記載現承辦書記官之姓名。

八、(遲延數字應與統計資料相符)

各法院造報之遲延案件數字,應與統計資料核對相符。

九、(院長、庭長之督促責任)

各級法院院長或庭長審核第四點之催辦通知,或第五點之遲延案件月報表時,如發見案件有無故或藉故拖延不結情形,應即督促妥速辦結。

十、(民事審判視為不遲延事件)

民事審判事件,逾第二點所定期限,尚未終結,而有下列各款情形之一者,視為不遲延事件:

（一）因依民事訴訟法或其他法律規定或承辦法官聲請大法官解釋停止訴訟程序者。

（二）當事人在營服役或因羈押、執行,不能到場辯論,而又未委任訴訟代理人者。

（三）當事人因隨船出海作業,不能於三個月內到場辯論,而又未委任訴訟代理人者。

（四）當事人因患重病或重傷在治療中,不能到場辯論,而又未委任訴訟代理人者。

（五）當事人現在國外或大陸地區,不能於三個月內到

場辯論，而又未委任訴訟代理人者。

（六）將證據送請鑑定或證據應於外國調查，而未能於
三個月內，獲得鑑定或調查結果者。

（七）訴訟行為須支出費用者，經法院定期命當事人預
納而不預納；或經定期通知他造墊支，亦不為墊
支，致訴訟無從進行者。

（八）有調閱他案卷宗之必要，而未能於三個月內調
得者。

十一、（民事保護令視為不遲延事件）

民事保護令事件，逾第二點所定期限，尚未終結，而有
下列各款情形之一者，視為不遲延事件：

（一）因依民事訴訟法或其他法律規定或承辦法官聲
請大法官解釋停止程序者。

（二）當事人在營服役或因羈押、執行，不能到場，法
院無法依其他方法調查者。

（三）當事人因隨船出海作業，不能於一個月內到場，
法院無法依其他方法調查者。

（四）當事人因患重病或重傷在治療中，不能到場，法
院無法依其他方法調查者。

（五）當事人現在國外或大陸地區，不能於一個月內到
場，法院無法依其他方法調查者。

（六）因囑託鑑定、訪視調查或證據應於國外調查，而
未能於一個月內，獲得鑑定或調查結果者。

（七）程序進行中須支出費用，經法院定期命當事人預

納而不預納；或經定期通知他造墊支，亦不為墊
支，致程序無從進行者。

（八）有調閱他案卷宗之必要，而未能於一個月內調
得者。

十二、（民事執行視為不遲延事件）

民事執行事件，逾第二點所定期限，尚未終結，而有下
列各款情形之一者，視為不遲延事件：

（一）依強制執行法第十八條第二項、第一百十九條第
四項之規定或其他法定原因經執行法院裁定停
止執行或依法應停止執行者。

（二）依執行名義分次履行，或執行名義未載明分次履
行，但依事件之性質，宜許其分次履行，並經債
權人同意者。

（三）依強制執行法第七條第四項囑託他法院執行者。

（四）依強制執行法第十條之規定，准予延緩執行者。

（五）執行程序中，債務人死亡，續行強制執行時，依
強制執行法第十一條第四項之規定，由債權人代
辦繼承登記者。

（六）依強制執行法第四十一條之規定，提起分配表異
議之訴者。

（七）依法令強制管理，確係以管理收益清償債權者。

（八）關於金錢債權之執行，其執行標的物為定期給付
債權，執行法院依強制執行法第一百十五條之規
定發執行命令，按期執行者。

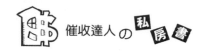

（九）不動產拍定後，依土地法第三十四條之一調查優
先承買權，或不動產拍定後，有優先承買權之爭
執，經提起訴訟者。

（十）債權人依強制執行法第一百二十條之規定提起
訴訟者。

（十一）依強制執行法第九十五條第一項規定公告者。

十三、（破產視為不遲延事件）

破產事件，逾第二點所定期限，尚未終結，而有下列各
款情形之一者，視為不遲延事件：

（一）債權人會議未達破產法第二十七條、第一百二十
三條規定之人數或債權額而無從為決議，達二次
以上者。

（二）關於破產財團之財產提起訴訟或進行其他法律
程序者。

（三）依破產法第一百三十八條之拍賣，無人應買達三
次以上者。

（四）依破產法第一百三十九條第四項之規定，提起分
配表異議之訴者。

（五）有調閱他案卷宗之必要，而未能於三個月內調得者。

十四、（公司重整視為不遲延事件）

（一）依公司法第二百九十九條第三項之規定，提起確
認之訴者。

（二）依公司法第三百零六條第一項之規定，修正重整
計畫再予審查者。

（三）重整計畫明定執行期限，於計畫執行期間者。

（四）依公司法第三百零七條第一項之規定，法院裁定終止重整前，徵詢主管機關及證券管理機關之意見者。

十五、（刑事審判視為不遲延案件）

　　刑事審判案件，逾第二點所定期限，尚未終結，而有下列各款情形之一者，視為不遲延案件：

（一）因依刑事訴訟法或其他法律規定或承辦法官聲請大法官解釋停止審判程序者。

（二）被告在營服役或因另案羈押、執行，不能出庭應訊者。

（三）被告因隨船出海作業，不能於三個月內出庭應訊者。

（四）被告現在國外或大陸地區，不能於三個月內出庭應訊者。

（五）將證據送請鑑定或證據應於外國調查，而未能於三個月內獲得鑑定或調查結果者。

（六）被告通緝未經報結者。

（七）有調閱他案卷宗之必要，而未能於三個月內調得者。

（八）被告因違反毒品危害防制條例案件，送觀察、勒戒或戒治處分者。

（九）第一審依通常程序審理，行交互詰問，且案情繁難，經承辦法官敘明理由，報請該管法院院長核可延長辦案期限者，但每次以三個月為限。

十六、（少年保護視為不遲延事件）

　　少年保護事件之調查、審理及執行，逾第二點所定期限，尚未終結，而有下列各款情形之一者，視為不遲延事件：

　　（一）依法或承辦法官聲請大法官解釋而停止審理程序或執行者。

　　（二）少年因心神喪失或疾病不能到場應訊或執行者。

　　（三）少年在營服役或在學，不能或不適合出庭應訊或執行者。

　　（四）少年因隨船出海作業，不能於三個月內出庭應訊或執行者。

　　（五）少年現在國外或大陸地區，不能於三個月內出庭應訊或執行者。

　　（六）將證據送請鑑定或證據應於外國調查，而未能於三個月內獲得鑑定或調查結果者。

　　（七）少年因另案收容、羈押、執行，不能到案執行保護處分者。

　　（八）少年協尋未經報結者。

　　（九）有調閱他案卷宗之必要，而未能於三個月內調得者。

　　（十）少年因違反毒品危害防制條例事件，送觀察、勒戒或戒治處分者。

十七、（檢肅流氓視為不遲延案件）

　　檢肅流氓案件，逾第二點所定期限，尚未終結，而有下列各款情形之一者，視為不遲延案件：

（一）因依檢肅流氓條例或其他法律規定或承辦法官
　　　聲請大法官解釋停止審理者。

（二）被移送人在營服役，不能出庭應訊或執行者。

（三）被移送人因心神喪失或罹患重病或重傷在治療
　　　中，不能出庭應訊或執行者。

（四）被移送人因隨船出海作業，不能於二個月內出庭
　　　應訊者。

（五）被移送人現在國外或大陸地區，不能於二個月內
　　　出庭應訊者。

（六）將證據送請鑑定或證據應於外國調查，而未能於
　　　二個月內獲得鑑定或調查之結果者。

（七）被移送人因另案羈押、執行，不能出庭應訊或執
　　　行者。

（八）被移送人另犯刑事案件通緝中者。

（九）有調閱他案卷宗之必要，而未能於二個月內調
　　　得者。

十八、（交通、社會秩序維護法視為不遲延案件）

　　審理交通聲明異議、抗告或社會秩序維護法案件，因有
調查之必要，逾第二點所定期限，尚未終結，而有下列各款
情形之一者，視為不遲延案件：

（一）受處分人或被移送人在營服役或因另案羈押、執
　　　行，不能出庭應訊者。

（二）受處分人或被移送人生產後未滿一月或心神喪失
　　　或罹患重病或重傷在治療中，不能出庭應訊者。

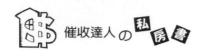

（三）受處分人或被移送人因隨船出海作業，不能於一
　　　個月內出庭應訊者。

（四）受處分人或被移送人現在國外或大陸地區，不能
　　　於一個月內出庭應訊者。

（五）受處分人或被移送人另犯刑事案件通緝中者。

（六）有調閱他案卷宗之必要，而未能於一個月內調
　　　得者。

十九、（期限之接續計算）

　　　案件進行尚未逾第二點所定期限，而有第十點至第十六
點各款所定事由者，應於其事由消滅後，扣除自事由發生之
日起至消滅之日止之時間，接續計算其期限；如接續計算所
餘之期限不足二個月者，延長為二個月。

　　　案件遲延後，始發生第十點至第十六點各款所定事由
者，仍應視為不遲延案件；但其事由消滅後，應即再列為遲
延案件。

二十、（視為不遲延案件之列管）

　　　視為不遲延案件，由各法院列管，並應於遲延案件未結
月報表列報件數。

　　　視為不遲延案件，應隨時注意停止或延緩原因已否消
滅，其已消滅者應即依法進行，儘速終結。

視為不遲延案件，以經承辦法官敘明理由，報請該管院長核
　　　可並以書面將原因發生日期及消滅日期，通知統計人員
　　　登記者為限，於終結時，扣除自原因發生之日起至消滅
　　　之日止時間，而計算其結案日數。

二十一、（期限之檢查）

　　民刑事案件應由承辦書記官於歸檔時蓋章（格式五），並由承辦法官、庭長負責審核。

催收達人の私房書

債權確保就是

一、債權確保的意義與目的
　　債權確保就是，停看聽，以免搭上鐵達尼
　　債權確保就是，上船前先知道救生艇在哪裡
　　債權確保就是，上船前先預定救生艇座位
　　債權確保就是，上船前先確認救生艇訂位沒問題
　　債權確保就是，沒訂位也要比別人先上救生艇
　　債權確保就是，上不了救生艇也要抓件救生衣
　　債權確保就是，沒有救生衣也要努力不懈
　　債權確保就是，上船及沈船前後，爭取上岸保障的一切
　　手段

二、催收的意義與目的
　　催收就是以一切不違法的方式，催促或強制客戶還債
　　催收就是不斷協商的過程
　　催收的最高境界是不打官司要到錢
　　催收的唯一目的就是實現收入

三、債權確保作業與催收間的關係
　　債權確保是為催收鋪路的工作
　　債權確保工作與催收同為實現債權的二個輪子
　　債權確保做不好，催收很難搞

四、確保債權的階段工作要點

A 簽約前

明查暗訪，掌握客戶、保證人財產資料

哪些財產資料，我們應該瞭解掌握

爭取對客戶或保證人財產優先受償權

B 簽約時

再次確認契約與相關文件內容正確

確認契約與相關文件內容與原商定條件一致

確認契約簽署人身份，並有權簽署

C 簽約後

三不五時，看看船有沒有進水的跡象

有事沒事，清點一下救生艇

救生艇被賣、故障、不見了，怎麼辦

D 違約時

先清點救生艇

爭取更多的救生艇

不要讓救生艇跑掉了

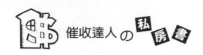

資料網址

永然法律法規網網址

www.lawlee99.com.tw/newindex/index.asp

快速尋找「對」知識

　　以下介紹一種利用 YAHOO 的「知識＋」的進階搜尋功能，再加上關鍵字及正面評價，不但可以快速找出你要的資料，而且是經由網友們公認「對」的知識，雖然這樣依然不能保證答案就是完全正確，還是有可能會踩到「地雷」，但至少呈現的資料可用性更高。

Step1：在網址列輸入「http://yahoo.com」，按下 Enterr 鍵

　　　　進入首頁後，點選「知識＋」的頁簽

　　　　輸入你要搜尋的資料，EX「法院拍賣」

　　　　按一下「找知識」，

Step2：共找到 1,259 筆資料

Step3：按一下「進階搜尋」

Step4：在關鍵字欄位輸入「法院拍賣」

　　　　在搜尋範圍勾選「解答內容」

　　　　問題狀態勾選「已解決」

　　　　正面評價勾選「80-100％」；按下「搜尋」

Step5：透過進階搜尋找出 653 筆資料，而且這裡的網友評
　　　價高達 80％以上，不過我們可以透過在分類的方
　　　式，把搜尋資料再縮小。
　　　在「搜尋定分類」勾選「法律」。
Step6：出現 309 筆資料後，再利用「正面評價」來排序。
　　　按一下「正面評價」，把網友們評價可信度為 100
　　　％的資料排序在前面。

　　　（以上改寫自 PCHome2005 年 9 月份，P132-134）

🖱 各類範本上哪裡找？

消保會定型化契約
網址：

　　　www.cpc.gov.tw/Frame_index_specialCID_FAQ.a
　　　sp?_specialCID=436
範本種類：汽車買賣、安親班、手術麻醉同意書等

訴狀宅急便
網址：www.libel.com.tw/group.asp?KID=2
範本種類：和解書、訴願書、存證信函等

🖱 救債總部

tw.club.yahoo.com/clubs/loan885/

家族簡述

現金卡、信用卡卡債、信貸、車貸、房貸……所有理債、銀行債務、附卡、連帶借款、保證人問題，都可以來這。

我也曾為債所苦。但，我選擇勇敢的面對債務，請教法律意見，並對不當的催收行為，大聲說不。

不讓欠債與失去尊嚴與工作畫上等號！

行政院金融監督管理委員會銀行局

www.boma.gov.tw

地址：104 台北市中山區南京東路二段 87 號 9 樓

總機：（02）25710766

財政部財稅資料中心

網址：www.fdc.gov.tw/mp.asp?mp=1

財政部財稅資料中心營業登記資料公示查詢網站

egw20.fdc.gov.tw/bgq/BGQ002N.html

依負責人姓名查詢／

財政部全球資訊網

www.mof.gov.tw

司法院網址

www.judicial.gov.tw

台北市中正區重慶南路一段一二四號 電話：
02-23618577

查詢公證人資料
業務宣導區→公證業務專區

全國法規資料庫網址

law.moj.gov.tw

台北律師公會.

www.tba.org.tw

地址:台北市羅斯福路一段 7 號 9 樓.TEL:(02)2351-5071

台灣金服公司

www.tfasc.com.tw

台灣電子地圖服務網

網址：www.map.com.tw

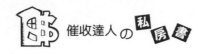

🖱 透明房訊網址：查法拍資訊

www.tom.com.tw

據悉其加入會員，一年約需 10 萬元，但因其自 79 年起即蒐集法拍資訊，故其資料非常齊全，故許多 AMC 均利用該網站

🖱 法易通網址

www.lifelaw.com.tw

律師,電子報服務

🖱 法源法律網

http://www.lawbank.com.tw/index.php

🖱 法務部網址

www.moj.gov.tw

台北市重慶南路一段 130 號　電話總機:(02)2314-6871

🖱 經濟部商業司／查詢公司登記資料

210.69.121.50/~doc/ce/cesc1110.html

查詢董監事資料／分公司資料

查土地增值稅

（內政部地政司全球資訊網）
/www.land.moi.gov.tw/chhtml/index.asp

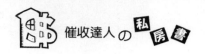

12 催收趣聞

支票退票

　　支票退票時，持票人可持支票正本、退票理由單、身份證及印章，至全國任一戶政事務所（因現已電腦連線）以利害關係人身份，申請債務人之現行戶籍謄本（支票退票理由單上有發票人的身份證字號及地址可供參考）。

　　支票如有背書時，雖然背書人也列為債務人，但因退票理由單上並無背書人相關資訊可供參考，因此在收受支票時，最好請背書人亦順便填上其身份證字號及地址，才不會日後找不到人追索。

申請戶籍謄本小技巧

一、一般在申請戶籍謄本時，需填寫「戶籍謄本申請書」，在申請人欄位要填寫「申請人姓名、身份證字號、戶籍地址」，而通常法務人員有時申請多名債務人，為節省時間計可以將前開欄位所需資料刻成戳記，直接以戳蓋方式即可。

二、因全國戶政機關已電腦連線，在申請戶籍謄本時至任一戶政事務所申請均可，但戶政事務所附近有時並不太好停（機）車，以台北市為例，因其會另設立便民戶政工作站，但其有時僅開放半天或隔日，建議可以至台北市民政局網站（www.ca.taipei.gov.tw/civil/page.htm）上查詢。

三、以往部分地區因戶政資料未連線，在查報地址時便花盡心思，後來就直接檢附回郵信封及郵政匯票（規費），用郵寄方式申請戶籍謄本。

四、因為戶政資料並非公開資訊，因此通常需檢附利害關係證明文件或法院查址函，戶政機關才給查詢戶籍資料，在向法院聲請時因其制式查址函通常僅准予查詢債務人個人，但如有「債務人死亡」等情事時，最好向法院商請發給查債務人「除戶全戶」的戶籍謄本，以便向其繼承人續行追索。

五、發生債務人過世情事時有時因其子女眾多，許多因結婚
　　或另行購屋等原因而遷居，故即令是抄閱債務人除戶全
　　戶戶籍謄本亦難發現全部繼承人，此時應持前開法院函
　　向原戶政機關申請查閱債務人該戶之歷史紀錄，如僅
　　查得二女、三女就要想辦法查出長女的現址及身份證
　　字號。

可以加速法律流程的小秘訣

處理法律事件講求的是有效而且快速，在許多法律動作的過程中有些小動作，會影響整個流程的快慢：

一、準備債務人的資料要盡可能齊全，第一優先找的資料室戶籍謄本及公司設立登記資料。

二、切忌不要打草驚蛇，要攻敵不備。

三、要節省時間的話，狀紙不要用郵寄而要直接至收狀處遞狀。

四、撰寫狀紙時附上自己的白天聯絡或大哥大電話。

五、記住遞狀的時間，必要時可至分案室查詢分配給那個股承辦。

六、盡可能多附上債務人住所、工作地點、戶籍地等幾個地址，只要有一個送達即可。

七、撰狀時務必注意其格式，因為先程序後實體。

八、預計債務人業已收受法律文書時，可以電話請教承辦書記官是否送達，如債務人拒收時，就要執行其他必要步驟。

九、如非必要不要直接打電話給法官。

十、如債務人業已合法送達，請求承辦書記官盡快核發確定證明書，因為大多數時間需檢附確定證明書，才能對聲請債務人強制執行。

儘速取得執行名義的益處

一、債權人取得執行名義後可以向國稅局查調債務人財產、所得資料，作為日後假扣押或追究債務人脫產罪責之依據。

二、取得執行名義後債務人如有處分其財產之情形，即有觸犯刑法第三百五十六條「損害債權罪」之法律風險。

三、執行名義取得後，縱使債務人一時無財產可供執行，但只要日後債務人一有任何財產，債務人即可隨時向法院聲請「強制執行」，以爭取執行時效。

四、如債務人經執行後確無財產可供執行，債權人可拿執行名義向法院聲請核發債權憑證，作為公司打銷呆帳憑證。

刑事訴追的注意事項

　　公司不能成為刑事案件的被告（告訴人則可），此債務人如為公司，而該公司有脫產行為時，公司是不會觸犯「損害債權罪」，也不能以該罪處罰負責人（因負責人不是行為人）。但公司如有其他犯罪行為（例如侵害他人商標、著作權等），則可處罰「犯罪行為人」，而以該「犯罪行為人」為被告（不必然是負責人）。

　　又「損害債權罪」為告訴乃論之罪，因此債權人應於知悉被告之時起，於六個月內對被告提出告訴（刑事訴訟法第二百三十七條）；於提出告訴後，在地方法院言詞辯論終結前，仍得隨時對被告撤回告訴（刑事訴訟法第二百三十八條）。

　　但「使公務員登載不實罪」及「詐欺得利罪」，均為非告訴乃論之罪，提出告訴後均不能撤回。因此債權人可參考損害債權罪得撤回告訴之特性，與債務人談判對其施壓。

協商篇

　　通常當客戶發生財務危機導致違約時，表示客戶已無法依原約履行，此時協商重點會將未繳付金額將原契約加計利息、違約金後加計期數後展期清償，至於要加計多少利息、違約金通常要視該案特性、擔保品性質及行庫慣例來做判斷，通常催收人員係將加計利息、違約金將債權額墊高後再予減免，以利談判進行。

　　在前開展期清償情形時要特別注意：因為展期清償勢必超過原約之期間，因此簽立展期清償合約時一定要原連保證人同意，否則將會有保證人依法不負保證責任之風險（民§755參照）；另因客戶違約後通常保證人都「跑到裂褲腳」，因此在展期時會發生原保證人不願續保情事，此時就要判斷債務人是否有「以展期之名、行脫產或免除保證人責任之實」的風險，筆者會建議先調查債務人及連保人資產再行判斷。

　　民§755：就定有期限之債務為保證者，如債權人允許主債務人延期清償時，保證人除對於其延期已為同意外，不負保證責任。

催收達人の私房書

工程款項篇

　　筆者曾經遇過某工程公司違約案件，該公司因承包某公家機關工程而有後續工成尾款及保固款可供收取，但在談判中面臨二問題：其一，此時有四家行庫出面主張該款項，（其實上有另二債權人行庫，但因其有徵提擔保品，故並未出面積極爭取），經過一番折衝四家行庫原則上同意依債權憑證上金額比例分配；其二，該公家機關認為原工程承包載明債權不得讓與，因此不同意四家行庫要求直接依債權比轉發給四家行庫，也是經過多次協商，後來同意用更改撥付帳戶為「聯名帳戶」的方式，方便四家行庫予以控管。

談判篇

　　在與異常案件客戶談判時必須要有種「會在最後一刻完成談判」的心理準備，筆者曾經有二案例：其一，就是風聞客戶發生違約情事時，AO 已進駐與客戶進行談判，當法務人員趕到並與其達成協議已經是半夜十一點多了，達成的協議是：客戶同意我方將他們的存貨（即皮革）搬出五卡車並交由我方保管，後來聽說客戶反悔還到調查站舉發我方逕自搬走其存貨（好險有簽立協議書）！

　　另是原本翌日預定要強制執行，但法務人員拜訪後發現該公司尚有挽救空間，於是從下午一點多開始拜訪到八點多達成協議，後來除徵提客票外另加徵一紙應收帳款讓與書。另外要提醒一點：因為通常法務人員至客戶處拜訪通常不會攜帶筆記型電腦（因為變數太多了，有時還要跑給人追），有時三更半夜亦無法找人求救，最好要有當場能草擬協議書的功力。

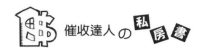

隱藏身份篇

　　有時當客戶面臨財務危機、要倒不倒時，法務人員即應積極介入，一來可以藉機瞭解該公司是否有繼續經營下去之希望（有時還需另外佈線），二來可否徵提該公司其他資產（如應收帳款、客票等），三可以瞭解該公司之地理環境及擔保品現狀，即所謂的「踩盤子」。

　　但是如果表明了以法務／催收人員身份前去時，通常廠商客戶的戒心會比較重，有些比較敏感性的問題就問不出來了，像筆者以前就曾經以業務部新進同仁的身份去拜訪財務危機的客戶，當客戶要索取名片時，即以「新進人員名片尚未印製好」哈拉過去。

佈線篇

　　前面提到的佈線問題可以分成二種：一種是外部人員（如巷子口的檳榔攤老闆），拜訪客戶完畢後買包檳榔、哈拉二句後遞上名片＆「走路工」，告知最近公司客戶的狀況很不穩，希望他能幫你注意一二，有任何動靜請打個電話通知一下。

　　另一種不用說就是客戶公司內部員工，曾在某案例中經由業務人員的管道搭上員工線路，不但該公司動靜瞭若指掌，另家行庫則是 24 小時請保全人員駐守、花費甚鉅，另該公司之應收帳款亦一清二楚。

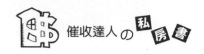

徵提篇

「危機」同時表現了「危險」、「機會」二種意義，當客戶遭遇財務危機導致違約時，同時也是法務人員徵提擔保人／物的大好機會，所以法務人除應充實談判技巧及熟悉各種擔保人／物的特性。

先舉個實例，某客戶違約後老闆帶了位朋友來證明其信用，因該案擔保率足夠，故法務人員心想能「多拿多少算多少」，先要求該朋友提供票據、不肯，在本票上擔任共同發票人、不肯，最後該朋友同意擔任連保人。其實以擔保性而言，三者其實相差不大。

在另例中，筆者在拜訪客戶後覺得直接取回擔保品僅能出售約三百萬，後遂透過談判除取得約一百餘萬客票，及將對廠商之應收帳款讓與筆者公司，後該應收帳款債權透過協商共分期收回三百餘萬，因此等於透過談判多回收了五百萬。

徵提擔保品篇

前曾提及當客戶違約時可透過談判方式徵提擔保品，通常不會有太好的擔保品（因為有好的擔保品早就押出去換錢了），但是此時要注意最好是拿客票、應收帳款等不需登記的擔保品，因為如果在違約後再徵提土地等不動產，最高法院判例認為「為已存在之債務提供擔保品係屬於無償行為」，而依民§244 I 無償行為其他債權人得聲請法院撤銷之。

前○○食品案中該公司於違約後再提供位於屏東三筆土地予某行庫為擔保品，而該行庫此種藉由徵提將自己的債權提昇至物權地位，雖然保障了自己的權益，但是卻也排除了其他債權人對該擔保品權利的行使，激起其他行庫的眾憤，威脅該行庫需將徵提擔保品「吐」出來，後據悉轉為所有行庫之擔保品。

但回過頭問一句話，如果你遇到前開情形要不要徵提擔保品？筆者建議：要，因為最多是撤銷擔保品－亦即打回原形罷了，先徵提到了就多一層保障；且行庫間多有再徵提擔保品的情形，很少會直接訴訟解決。

取回提存金

　　通常提存所是最「龜毛」的，因為萬一給錯錢了法院還要負國家賠償責任，所以通常是從嚴審核的。一般而言取回提存金的方式大約有以下三種：一、取得類似確定勝訴判決，二、經受擔保義務人同意取回，三、經催告後，債務人不主張權利。

　　前已提及「經受擔保義務人同意取回」應該是談判中重要的一環，至於「類似確定勝訴判決」，包括確定支付命令等但不包括本票裁定，因為本票裁定屬於非訟事件並無實體上之確定力。

提存金篇

相信法院的提存金制度是許多債權人心中的痛，因為常常面臨到被倒帳了之後，為了預防他脫產還得拿出債權額的 1/3～全額擔保金（現在許多法院都已經提升到最低要 1/2），日後還不知道何時才能拿回來，不得不使人長嘆「法律是保護有錢人的玩意」！筆者曾經同時聲請過假扣押／假處分二份裁定，為的就是比較一下何者的提存金較高，因為到底我們不是金融行庫，有大把的債券可以供擔保，然後再選擇提存金較低的去作執行；而且如果提存金一樣的話，假處分反而是更好的選擇（原則不能反擔保），這種方式提供給大家作參考。

保證書代替擔保金

　　以往在進行假扣押時，通常需留置大筆現金以充當擔保金，但在兩年前民事訴訟法修正公布後，即增訂有關「擔保，得由保險人或經營保證業務之銀行出具保證書代之」的規定。

　　以往提存擔保金的方式有：

一、現金，但因理律事務所事件基於內部稽核及風險控管等考量，較不適宜；且以大筆現金積壓於提存所，有時較不利於公司營運，且法院所給付的利息甚低。

二、有價證券，有時需考量到過期及變換等問題。

　　但以「出具保證書方式取代擔保金」尚須注意以下問題：1.由於出具保證書對銀行業者言係為保證放款之一種，如原先未有該放款額度，尚須另外申請。2.以出具保證函方式，需另行給付銀行保證費用。

　　但由金融行庫出具保證函，對行庫而言相當而申請授信額度，據筆者探詢：目前行庫所收保證手續費約為 1%；較為頭痛的是因為申請授信額度需要時間，而假扣押一般而言是較為緊急的，除非是已經申請好額度，否則通常會緩不濟急。

免徵擔保金的特例

投資人保護中心在「證券投資人與期貨交易人保護法」通過之後，有免供擔保之假扣押執行權。

在該法尚未通過之前，以國揚案為例，光對其資產進行假扣押，法院就要其提供一億元的保證金，當時該中心所屬基金僅有五億元，因此僅能眼睜睜看著其他債權人將資產拍賣變現。

名稱：九二一震災重建暫行條例（民國 92 年 02 月 07 日修正）

第 72 條

災區居民，因震災致建築物毀損而受損害，提起民事訴訟者，暫免繳納裁判費。

前項債權人聲請假扣押者，經釋明請求及假扣押之原因後，法院得於必要範圍內，命免供擔保為假扣押，不受民事訴訟法第五百二十六條第二項及第三項規定之限制。

第一項債權人，聲請強制執行者，免繳執行費。

災區臨時住宅住戶與出借機關簽訂之借住契約，於辦理公證時，免繳公證費用。但公證法第一百二十七條及第一百二十八條所定費用，不在此限。

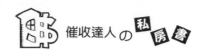

假扣押篇

　　一般而言客戶只要發生違約情事（也就是跳票）時，法務第一個反應就是先聲請假扣押裁定，因為有二個好處：其一，持法院核發的假扣押裁定可以向國稅局申請抄錄債務人財產、所得資料，有助於評估債務人有無脫產以及執行實益等；其二，就是若是在中途與債務人達成協議而不繼續聲請假扣押執行，債務人也不會得知我們曾經聲請過假扣押。

　　但是在聲請假扣押時要注意二件事，第一：預先要準備提存金種類（如現金、債券、定期存單等）需要在聲請狀上加以註明，而免日後因提存金不合而遭提存所拒收；有些書狀例稿上有「在　鈞院轄區內」字樣，建議最好刪去前開字樣，因為若抄錄財產後發現債務人財產在他法院轄區時，如有前開字樣僅能於該院執行（或囑託執行），而不能直接至另法院聲請假扣押執行，此時可能會耽誤到假扣押中最重要的時間。

假扣押篇 2

通常在債務人遭到假扣押執行時，他的反制武器有二種：其一就是命債權人限期起訴，其二就是提供反擔保請求撤銷原假扣押執行。

筆者曾經見過某個失敗的假扣押案例：債權人 A 行庫僅以一百萬元債權（其實記債權額高達二千萬）聲請假扣押，但抄錄財產後發現債務人有一未設定抵押權之不動產（預估約值八百萬），於是 A 行庫迅即以該假扣押裁定聲請執行，而非另聲請符合不動產價值債權額之假扣押，因此在其發動了假扣押執行後，債務人也馬上反制提供三百萬的反擔保，法院也同意撤銷了該假扣押，而後該八百萬的不動產迅即過戶與第三人，A 行庫僅能望而生嘆「千金難買早知道」。

假扣押篇 3

　　之前提到債務人遭到假扣押時的反制武器。筆者曾聽任職銀行局學妹提及某陳情函:「陳情人有房貸及擔任他人信貸之連保人,後因信貸人違約導致銀行針對其房屋進行假扣押,陳情人只得代為清償信貸部分,詎料信貸部分清償完畢後,銀行仍不肯撤銷對其房屋之假扣押,請求主持公道」。

　　當然銀行可以主張根據貸放合約規定「只要有違約情事發生,銀行就可以進行保全程序」云云,但如平心而論,該行庫主張根本站不住腳,因為此時只要該陳情人向法院聲請「命債權人限期起訴」,而就該房貸部分陳情人始終如期繳款的話,銀行應該是穩敗訴無疑,但銀行有恃無恐的原因就是「一般老百姓不懂得怎樣和銀行對抗」!。

廠辦合一篇

　　筆者曾經在執行動產時碰到二次很有趣的情形，都是菜鳥出去作執行，提出來跟帶大家研究：其一，某行庫催收經辦作現場假扣押，當他指明欲假扣押物件時，債務人出來抗辯「這不是本公司物件，是×公司寄放的」，書記官就轉頭問行庫經辦「你們如何主張？」，因為其回答不出來，結果當天他們的假扣押並不順利；其實有經驗的法務人員都知道當時只要回答「報告書記官，動產以占有為原則，如果債務人主張係由×公司寄放，請其舉證，否則我們先假扣押再說」，這樣就好了。

　　其二：也是碰到廠商到工廠作假扣押執行，但是因為該工廠係廠辦合一的，當時我們在其辦公室與債務人泡茶，該廠商來假扣押時僅扣得幾箱鈕釦半成品，可能因為他們不知道「當廠辦合一時，辦公室內的物件亦被視為債務人財產」，其實我們早就相好了他們辦公室內的原木泡茶桌及那個好幾噸的大型冷氣機，那個價值與「鈕釦半成品」差異甚遠！

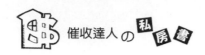

信用卡簽單篇

　　某雜誌曾提及現已潛逃大陸之經濟罪犯曾×仁，原本有次差點被拘提管收，因為曾×仁原本已向法院聲請個人破產，但沒想到某行庫向法院提出曾×仁之信用卡帳單做為證據，顯示曾×仁違約後每月簽帳金額依然高達數十萬元，而且均是在高球俱樂部、百貨公司消費簽帳，顯示其除可能有隱匿財產外另有浪費之虞，以此向法院聲請拘提管收曾×仁獲准，其後進度因曾×仁現已潛逃大陸而不明，但對照日後破產法修正時個人破產可能會「善門大開」，這個案例可以提供法務人員作更進一步思考。

信用卡簽單篇 2

其實估算危險邊緣客戶的其中一個關鍵就是其「Cashflow」夠不夠支應，如果其現金進來夠就能夠應付其營運下去，因此催收或者談判的關鍵就是如何切斷其現金以便將其逼上談判桌，筆者曾經有個案子是×飯店，當筆者前去拜訪時就與財務人員在大樓 Lobby 喝咖啡，喝完後用信用卡結帳，拿該簽單影本當作證據向法院聲請扣押該刷卡機結餘帳款，果然此招一出該飯店馬上與本公司達成重新還款協議。

針對戶內動產執行案

◎案例說明

　　該案債務人居住於外雙溪張大千故居之對面，但該戶不動產係登記於其妻名下，但因其戶籍登記之戶長係為債務人，評估債務人應尚有資力，為逼迫債務人出面解決，遂聲請針對前開不動產戶內動產執行，執行時查封電視、冰箱、冷氣、沙發等物件。

☆Tips

　　債務人竟委託律師出具多筆切結書指稱前開物件係第三人贈與／出售予同居親屬（即非債務人財產），後法院以執行程序不進行實體審查駁回其異議。

　　○後物件共拍得六萬六千元；後據了解因債務人分家產過早其子女均不願出面解決，導致我方迫債行動失敗，但至少執行費已受償。

船牌篇

筆者曾經處理過某件船舶抵押權案件：當時該船因積欠費用被扣押在印尼港口，一般而言，行使船舶抵押權要先想辦法將該船舶拖回至我國管轄海域再透過法院拍賣……，因其墊付費用過鉅筆者簡直一籌莫展，後透過管道找到船舶掮客而直接將本公司債權轉賣給他，當所有文件都點交完畢開始閒聊時，筆者向其請教該案件應如何進行，據該掮客透露：其實他的處理模式是直接將該船殼部分在印尼報廢，然後再將船牌部分在國內出售，筆者始恍然大悟原來「船牌」在國內是有二手市場，真是「不經一事、不長一智」！

動產執行

　　針對動產執行時一定要找對預定要執行的機械設備的專家到場協助，否則如果機械設備被動手腳都不知道。筆者曾經聽過一個悲慘的案例：原本要拆遷的是一整套 SMT 設備市價約值一百萬，但是債務人卻動了手腳將其電路控制版拆除，於是在拍賣時因為缺乏該電路控制版（量身訂製的）僅以十萬元賣出，最令人氣結的是據 AO 回報還是被原債務人買回去，再裝回電路版後就能如常運作，而且因為其係從法拍市場上買回已經「洗底」過了，我們對其一點辦法都沒有！提供給大家作個警惕。

保稅區執行

　　如果有針對保稅區內之廠商執行時，切記於聲請狀內載明「請法院通知關稅單位，俾便配合執行」，因為保稅區內乃是關稅制度上擬制的境外區域，暫放於該區域內之機械、原物料等都暫時免課徵關稅，但如強執時將該區域物件移出者都需要先行補繳關稅，因此需要關稅單位配合鑑價等。

　　筆者曾經某次於保稅區內執行，因不知前開情事致漏未通知關稅單位，查封到一半時海關人員方始匆匆趕到，但其中某官員竟稱「保稅區域為境外區域，不受中華民國法律管轄」，筆者本想諷譏「原來你竟然有分裂國土意圖」，但人在屋簷下只得陪笑臉請罪，好辛苦才完成該次執行。

異議

　　曾經在某執行程序中第三人逾越了法定期限才聲明異議，而法院書記官因為新接手案件亦不清楚進度，只好找個台階給法院下「聲請駁回該不合法之異議」，但是法院居然以「函文」通知不同意我方的聲請；眼見有理說不通〈當然少不了電話苦苦哀求〉，於報准上司後我方援引「辦理強制執行事件應行注意事項五〈一〉」規定「就強制執行所為之聲請或聲明異議，執行法院應迅速裁定，……此項裁定，不得以其他公文為之」，後來果然法院發了裁定我們也抗告，後來高等法院廢棄原裁定，我方扳回一城。提供給大家作為辦案參考。

對第三人執行

筆者曾經遇過某案件，其對第三人家×福、萬×隆等大賣場有應收帳款，因此當其違約後我們先針對其應收帳款進行假扣押，待取得執行名義後，再聲請對該業遭假扣押之應收帳款執行，後法院核發收取命令，我們就開始與財務人員聯絡收取該帳款，但其中某大賣場拒絕給付，於是我們依強制執行法第一一九條第二項向法院聲請對該第三人執行，但台北地方法院居然拒絕收狀，後來我們是以郵寄送狀的方式，但是因為當時查不出來要不要另繳執行費，僅在狀內敘明願補繳執行費，後來查到「無庸另行繳納執行費」。（台灣高等法院編輯、法院辦理民事執行實務參考手冊第141頁）。

對第三人執行 2

之前提到某大賣場拒絕依法院核發收取命令給付,我們多次向該集團律師詢問,得到的答案居然是「因為債務人對該公司發了存證信函,警告其不得將應收貨款給付予本公司」,筆者當場傻眼「大律師,存證信函與法院所發收取命令何者位階較高?」,「不要問我,我對強制執行不熟」,筆者亦請長官多次去電溝通,該公司依舊拒絕給付,原本我們依強制執行法第一一九條第二項向法院聲請對該第三人執行,後該案重新執行時因該大賣場重組,新律師於調查庭時當場承諾給付,亦經收訖款項結案,使筆者痛失一次針對第三人執行的機會。

扣薪篇

　　針對第三人執行時，優先選擇的就是針對其薪資部分進行追索，如對軍公教人員查扣薪資時債務人出面解決的機會相當大，特別是有些警務人員當與他們電話聯絡時，都是一副要理不理的嘴臉，一扣薪之後就換他們來求你了！以下是一則扣薪的有趣案例：

　　話說筆者曾任職公司曾貸放予×國飯店，當時曾徵提 A 董事長、B 副總二連保人，B 副總僅擔任二家行庫之連保人，該飯店發生違約情事後董事長已不知去向、由 B 副總代行總經理職務，當我們與其協商時發現 B 從中虛與委蛇，為了給他一點教訓我們就直接聲請追加扣押 B 的薪資，其後果然其氣焰不再高張；而且據該飯店人員告知當 B 副總代行總經理職務時第一道命令就是：將自己的月薪從 8 萬調至 12 萬，不但沒有相忍為公司反而事先圖利自身再說，因此當我們對其扣押薪資時，許多留守員工都拍手叫好！

扣選舉經費篇

　　年前選舉時鬧得沸沸揚揚的某縣長候選人涉及行庫超貸案，該舉發人在週刊上登了全版的廣告號稱「戳破超貸內幕」，其中揭露該行庫於某選舉結束後針對該候選人的選舉補助款進行扣押，其後受償得＄1,990,110，讓筆者不禁想起財訊雜誌曾經報導過另案件：台中長×集團掌門人前於某選舉中不幸敗北，但因該掌門人積欠許多行庫款項，導致眾行庫紛紛針對其選舉保證金進行扣押，這二件事情告訴我們：其實只要肯用心，到處隱藏著受償的機會。

加速流程篇

　　許多從事催收法務人員最頭痛的就是：因為案件成長的速度遠遠超過法院經辦人員成長的速度，加上又有書記官輪調等問題，所以最害怕的就是案件「躺」在執行處無人聞問，因為案件怎樣也辦不完，乾脆就「自由心證、內部分案」將難結的案件「晾」在一旁。

　　而前開案件有時又催不得，因為法院就吃準了行庫有大批案件堆積在執行處，不敢真的跟書記官翻臉，筆者有次就親見台北地院某書記官對著電話咆哮「你們 XX 銀行是不想在台北地院再做執行了嗎？」，某次在金融研訓院上課時，學員對著身為板院執行處法官的講師發問「如何讓法院能儘速結案？」，當時老師的建議是「如果真的沒辦法時，找個異性的催收人員去跟法官『塞奶』一下」。

加速流程篇 2

　　提到法院執行處的績效不彰恐怕是許多法務人員心中的痛，所以如何加速法院進度是許多人念茲在茲的，說到這裡就不得不提及筆者的學長，該行庫的催收主管是由原執行處書記官轉任的，該行庫為維持與各法院執行處的良好關係，甚至會要求其法務人員利用假日到法院當義工，美其名叫作「法院之友」。

　　不要小看前開法院之友制度，據筆者學長告知某案例：因事涉及二千多戶的社區，法院書記官其實並無誘因去辦該案件（因為即使難易度不同，一案件的積分仍然是一樣的），因此所有的文書送達、回執整理甚至連蓋用法官簽名戳章都由學長一手包辦，聽說還拿到台大附近去影印，用了好幾包影印紙，費了九牛二虎之力才把該案件全部拍定。

鑑價篇

照一般拍賣流程如前輪未經拍定，次輪拍賣時還是要經過鑑價的流程，此時有種方式可以加速拍賣流程及節省費用，即是在強執聲請狀內敘明「本案拍賣標的業經×時×拍拍賣未拍定（附前次拍賣公告），聲請援引前輪三拍底價作為此次拍賣一拍價格」，但須注意者為：一、二次拍賣時間間隔（半年～一年半）不要太長，二、至於許可與否仍為法院職權。

寄存送達

　　所謂寄存送達，就是法院送達文書時，無法向債務人的住居所送達，或債務人的同居人或受僱人不願代收時，法院得將該支付命令寄存於送達地之自治或警察機關，並做成送達通知書，黏貼於應受送達人的住居所門首，以為送達（民事訴訟法第 138 條）的一種方式。法院為何法寄存送達後，債務人若在法定期間未聲明異議，不論債務人是否有實際收到該支付命令，均發生送達的效力。

　　實務上亦認：「本件應送達之支付命令，經原法院交中和郵局投遞，該局郵務士投遞二次，因抗告人不在，復交稽查再投一次，仍無法妥投，然後將送達通知單黏貼於信箱口，並交請管區台北縣警察局中和分局安平派出所為寄存送達，是本件支付命令之寄存送達確已符合法定之要件，抗告人謂本件支付命令

　　之送達為不合法云云，即非可取。本件支付命令已合法送達，而抗告人未於法定期間內異議，則本件支付命令業已確定，原法院裁定駁回抗告人之聲明，經核並無違誤，抗告論旨指摘原裁定不當，求予廢棄，為無理由，應駁回其抗告。」（高等法院 85 年抗字第 1003 號）

指定送達

　　所謂指定送達，是指由債權人聲請並繳交出差費，並到院引導送達之人員親自至債務人現在的地址送達的一種送達方法。這種送達方式係引用民事訴訟法 124 條 I 規定（送達，由法院書記官交執達員或郵政機關行之），以這種指送的方式，必須確定債務人當時在家，否則是既花錢又白忙一場，而且必須法院有人手出差始可。

　　這種送達方式實務上很少見到，會用的人較少。當債務人明明在某處上班卻拒收法律文書時，可以聲請法院指定送達，由法院的執達員送達，而且可以閱卷證明確債務人前幾次係前幾次故意拒收，涉及惡意詐欺之嫌。

 催收達人の私房書

重整篇

　　相信重整公司是許多法務人員心中的痛，筆者曾經於 Legal　DD 審查時看到一個很有趣的案例，提出來與大家參考。

　　該案的概要是：債務人 A 公司提供一順位擔保品向甲行庫融資借款若干，但 A 公司發生違約情事後，甲行庫法務人員調出該擔保品之謄本後發現：擔保品業已出售移轉予第三人 B 公司，問題是 B 公司業已聲請重整獲准，甲行庫聲請拍賣抵押物但業遭高等法院駁回（原因是高院認不應直接拍賣抵押物），而甲行庫因非 B 公司之債權人亦不得陳報該行庫債權，導致甲行庫空有一順位抵押權卻無計可施。

　　附註：該案例筆者曾於金融研訓院二場研討會中與講師討論，都認為該案無法可解，應為公司法立法疏漏。

出庭

　　以往我們訓練新手出庭應訊時，有對新人做過一些教戰守則，例如法官問「原告訴之聲明？」，答：「詳如起訴狀所載」；法官問「被告未經合法送達，原告有何請求？」，答：「請求公示送達」；法官問「被告已經合法送達未到場，原告有何請求？」，答：「請求一造辯論判決」。

　　不要小看這些過門，因為法官就是從這些「眉角」來判斷，原告是不是「住在巷子內」的專業人士。

承受物件

　　筆者曾經碰過一件非常難處理的物件，因為建商在蓋大樓時如果沒有將車位全部出售完畢，此時會將剩餘的車位全部灌在一戶房屋下，所以就出現了一建物掛了二三十個車位，此時拍賣又拍賣不掉，因此筆者透過簽准而用承受的方式先行取得產權，然後再以該承受後不動產作為向行庫融資擔保品，建物部分透過仲介將其出租，車位部分能出租的就先行出租，遇到有適宜買主（同棟住戶）的再將該車位持分切割出去，創造出「一魚三吃」的方式。

租約執行事

租賃公司的交易方式大多為：附條件買賣、動產抵押及融資性租賃，前二者因為有登記可以直接強制執行及對抗第三人問題較小，但融資性租賃因為並無登記制度，而且萬一被其他債權人（尤其是地下錢莊）逕行搬遷時，以往我們的方式是先假處分、再打返還租賃物訴訟，通常官司勝訴後機械設備的堪用年限也到了。

筆者有位前長官現在南部經營租賃公司，他提出個問題非常有意思：因為債務人如果跳票了，以租賃方式承作時如何可以迅速有效的拖出他們的機械設備？筆者想到的是：經公證人公證租約內載明逕受強制執行條款；但是他另提一個修正意見：經公證人公證租約內除載明違約後逕受強制執行，並授權租賃公司得逕自進入廠區直接搬遷機械設備，這其實也是另種思考方向。

裁判字號

86 年台抗字第 348 號

裁判要旨：

利息或租金之給付，約定應逕受強制執行者，應於公證書內載明其每期給付之金額或其計算標準及給付日期，公證法施行細則第二十一條定有明文。且依強制執行法第四條第

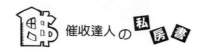

一項第四款、公證法第十一條第一項第一款所定之執行名
義，須以公證書可證明債權人請求一定數量之金錢等為限。
故於債權人聲請強制執行時，其請求如已確定存在者，即得
為之，至屬灼然。

詐騙收郵件篇

　　曾經聽過前輩告訴筆者的一個小故事，有些行庫其催收經辦並不是法律系畢業的，在客戶違約後出現拒收法院文件的情形，導致行庫遲遲無法取得執行名義的情形下，少數催收經辦為了要儘速取得執行名義，就出現了逕自盜刻客戶名稱的印章，而以該印章蓋領法律文書的回執聯（當然這樣是違法的），這樣就完成了合法的送達；而通常客戶也都逃逸無蹤，自然不會追究明明沒有收文件、為何還會合法送達的問題。

地政指界篇

　　如果查封不動產係為土地且其現址不明時，法院通常會通知地政機關會同指界，但是為了要加速流程，可以在強執聲請狀內載明「因查封現址不明，請法院通知地政機關會同指界，該管地政機關為×地政事務所，地址如下」，這樣的話法院就會直接發函給地政事務所，我們再與其聯繫會合地點及繳款即可。

抵銷（股利篇）

一般而言，金融行庫並不會在客戶違約時就行使抵銷權，因為設若馬上行使抵銷權後債權金額自然就下降了，遇到有債權金額要分配的時候，自然能分配到的債權金額也跟著下降了；因此，通常金融行庫會在二種時機行使抵銷權：一是他行庫針對該債權扣押時，二是覺得該債權收回無望而需打銷呆帳時。

筆者任職公司曾有國×集團之異常案，但該集團同時亦為公司之股東。也算是「註死」，發生股務人員寄發現金股利支票竟無人收件，查詢法務人員應如何處理？此時法務即建議將該現金股利逕自抵銷。

催收達人の私房書

抵銷（壽險篇）

　　金融行庫透過非訟手段收回債權其中一項最有利武器就是抵銷，因為以往借貸行為被定義為「要式行為」，表示必須要有撥款到借貸人帳戶的行為，所以行庫通常會要求借款戶先開立帳戶，有時金融實務尚會要求客戶作「回存」，當客戶違約時即將該帳戶內存款發函逕自抵銷後。

　　筆者曾在某壽險公司發現作業流程疏失之處：因為壽險公司的放款客戶大多亦為其保險戶，但卻發生客戶出險死亡後其繼承人向壽險公司申請理賠，其理賠部門並未查詢有無放款餘額，即逕自撥付理賠款項，致使法務部門痛失抵銷良機，且若其繼承人未對擔保品辦理繼承等都增加了催收難度，只能說該公司的內控程序有瑕疵。

法條參考（民法第 334 條）：

　　二人互負債務，而其給付種類相同，並均屆清償期者，各得以其債務，與他方之債務，互為抵銷。但依債之性質不能抵銷或依當事人之特約不得抵銷者，不在此限。

展期文件篇

　　當客戶無力依約償還後後又達成協議同意展延後，因為比如會有更換連保人等付款條件不同，有時會要求客戶另行出具還款本票，但是此時要特別注意相關的法律文件千萬要記得收回。本者曾處理過某案已經延展過二次，實際債權額大約是 8M 左右，後來因為達成協議以 20％左右的金額將其賣回給本人，但是在點交文件時赫然發現該公司（連同保人）共簽立約 20M 的本票，假如說該本票流落到外面的討債公司時，那真的是有理說不清、灰煞煞！

負責人篇

　　據報載日前法務部行政執行署開會決議：對於積欠營利事業所得稅的公司，將針對公司法中規定支付則人，包括公司董事、監察人、經理人等都列為追討對象，也可能予以拘提管收；包括峰×集團等欠稅大戶更已被鎖定目標。

　　根據公司法第八條對於公司負責人的定義，包括執行業務或代表公司的股東、有限公司的董事、公司的經理人等。行政執行署日前在會議中特別就此進行討論，除過去鎖定企業、公司董事長外，還有哪些方法可以進行催討欠稅，最後決議依公司法規定，只要是列名負責人者包括大股東，都可依法扣押財產抵稅，也不排除對公司的董事、經理人進行拘提管收。

（摘自 09/04/2003 聯合報）

法定抵押權篇

　　以往金融行庫在承辦建築融資時，因為在 89 年民法未修正前其上的建物有可能會有其他債權人出來主張有法定抵押權的存在，因此行庫實務上會請承攬人出具「拋棄法定抵押權切結書」，但是拋棄法定抵押權後是否即代表日後不得主張該權利？

　　依最高法院 86 年台上字第 3443 號判決「法定抵押權係基於法律規定而發生，故不待登記即生效力。為法定抵押權的拋棄，乃屬處分行為，是依法律行為而喪失不動產物權，因此，需經登記後，始得為之；如未經登記即行拋棄，應不生效力」。換言之，該「拋棄法定抵押權切結書」其實並無法律上之效力。

本票抗辯篇

　　基本上，金融機構制式的本票上都會有「本本票免除作成拒絕證書」的字樣，執票人仍應於法律所定期限內為請求付款的提示（票據法第 95 條），不能因為票面記載「免除作成拒絕證書」，即得不提示而直接行使追索權。但既然有此「免除作成拒絕證書」的記載，日後發票人在訴訟中若主張執票人未為付款提示時，發票人便需負舉證責任，若發票人僅具狀抗告但未提出實證，法院仍會駁回該抗告。

　　筆者就曾經有過慘痛經驗，因為一旦債務人發生跳票情事，九成以上的行庫都根本不曾提示本票就直接聲請裁定，而後發票人對本票裁定提出抗告後，高等法院庭詢本公司有無為票據之提示？筆者老實回答說沒有，結果當然裁定駁回。回公司後老大才教筆者「你當然要說有，如果對方說沒有時，請對方舉證」。（72 年台上字第 598 號、71 年台上字第 3671 號判決參照）

72 年台上字第 598 號
裁判要旨：
　　〔本票既經記載免除作成拒絕證書，票據債務人若抗辯執票人未經提示付款，即應負舉證責任〕系爭本票記載免除作成拒絕證書，是上訴人抗辯被上訴人未經提示付款，即應

由其負舉證責任。上訴人既未能證明之，其所為被上訴人不得行使追索權之抗辯，亦不足取。

71年台上字第3671號
裁判要旨：

　　本票內記載免除作成拒絕證書者，執票人仍應於所定期限內為付款之提示，僅主張執票人未為提示者，應負舉證之責而已（參看票據法第一百二十四條、第九十五條），並非謂執票人可不於所定期限內為付款之提示。

假債權

在好不容易調查到債務人乾淨的資產再查封、拍定後，法務人員最怕的就是「假債權」的出現，因為如果不是擔保物權的性質，只是一般債權的話就是按拍定價金比例受償，原本行庫的債權是 8/10，但是由於假債權大量出現比例遂被稀釋至 1/10，真是令人 ATOS！

陳信義講座提倡的是「三假破一假」，也就是假扣押、假處分、假執行對抗假債權；但是提醒大家下列有幾種方式可以對抗假債權：1.調查債權人的 A 是否有資力，B 資金來源及 C 交付方式；2.如果涉及有詐欺或詐害債權情事，把前開重點條列寫下請檢察官隔離訊問；3.請檢察官訊問雙方是否有二親等以內親屬關係，如有，可能還也涉及逃漏贈與稅問題。

遺產及贈與稅法
第五條：
　　財產之移動，具有左列各款情形之一者，以贈與論，依本法規定，課徵贈與稅：
　　六、二親等以內親屬間財產之買賣。但能提出已支付價款之確實證明，且該已支付之價款非由出賣人貸與或提供擔保向他人借得者，不在此限。

惡性倒閉篇

　　拜訪違約客戶時如判斷是惡性倒閉時，就要考量是否應採更積極處理方式，但如何判斷係惡性倒閉：如 1 出現有地下錢莊介入情事，2 客戶大門深鎖、無人應門，3 原經營階層／聯繫窗口均換人、電話亦無法取得聯絡等，4 債務人名下財產出現脫產／設定負擔（即設立二胎抵押）情事。

　　所謂更積極處理的方式，包括 1 在未實施假扣押前請保全人員駐守該公司進出口，以保全本公司資產，2 能否透過原先徵信報告或業務人員，調查該公司是否尚有未收取之應收帳款，3 積極找到該公司負責人，以免除債務人／連保人債務等方式交換同意直接取回本公司資產或取回假扣押擔保金，4 積極替擔保品尋找買主，以便在尚未有其他行庫假扣押前經過債務人同意直接出售。筆者公司曾在有地下錢莊涉入的案件中，業務人員在該公司打了三天的地舖，以保全公司資產。

收法律文書篇

　　當客戶發生違約情事時，法務人員當然二話不說先聲請假扣押、支付命令等，但同時亦應積極拜訪，親自以自己的經驗去判斷：到底這個客戶是屬於惡性倒閉？抑或是經營不善、目前老闆正在積極搶救中？當然也有老闆求救無門或被行庫搞倒後決定跑路的，筆者的前輩前一天拜訪時老闆還指天畫地、信誓旦旦，第二天卻整間廠房都搬遷一空。

　　如果判斷是惡性倒閉時，就要考量是否應採更積極方式（如請保全人員維護公司資產）；但如判斷是老闆積極搶救的，這個時候的談判空間就大很多了，因為你可以用「暫不假扣押」換取客戶的「配合」，如：徵提連保人、擔保品等，筆者還曾經要求客戶需配合收受我方本票裁定等法律文書送達，內行的催收人員都知道「收受本票裁定即代表已取得執行名義」，日後即可逕行聲請強制執行，而不必向假扣押般尚須提存擔保金。

聲請破產篇

　　許多人都想像不到：有時金融機構為了逼迫債務人出面解決、不要賴帳的利器居然是──「聲請宣告債務人破產」，這裡面出名的案例包括：國泰人壽聲請鴻禧酒店破產，而後雙方和解，來來飯店也易主經營由寒舍接手；遠東銀行聲請宏國集團董事長林謝罕見破產，後雙方達成協議，遠東銀行撤回聲請。

　　但是前開聲請破產的逼債方式，主要係針對債務人仍屬社會上有名望人士才可對其造成威嚇作用，因為我國的破產法制並不向國外（如香港）那樣對破產人的日常生活給予諸多管制，如日前壹週刊報導：鴻源集團總裁沈長聲破產後照樣餐餐燕窩魚翅、出入皆以名車代步時，聲請破產對其不痛不癢起不了逼債效用。

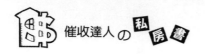

國家圖書館出版品預行編目

催收達人の私房書 / 呂元璋著. -- 一版. --
臺北市：秀威資訊科技, 2006 [民 95]
　面；　公分. -- （社會科學類；PF0023）

ISBN 978-986-6909-16-0(平裝)

1. 信用管理

563.1　　　　　　　　　　95022878

社會科學類　PF0023

催收達人の私房書

作　　者 / 呂元璋
發 行 人 / 宋政坤
執行編輯 / 詹靚秋
圖文排版 / 郭雅雯
封面設計 / 李孟瑾
數位轉譯 / 徐真玉　沈裕閔
銷售發行 / 林怡君
網路服務 / 林孝騰
出版發行 / 秀威資訊科技股份有限公司
　　　　　台北市內湖區瑞光路 583 巷 25 號 1 樓
　　　　　電話：02-2657-9211　　傳真：02-2657-9106
　　　　　E-mail：service@showwe.com.tw

ISBN-13 / 978-986-6909-16-0
ISBN-10 / 986-6909-16-6

2006 年 11 月 BOD 一版
定價：390 元

讀者回函卡

感謝您購買本書，為提升服務品質，請填妥以下資料，將讀者回函卡直接寄回或傳真本公司，收到您的寶貴意見後，我們會收藏記錄及檢討，謝謝！

如您需要了解本公司最新出版書目、購書優惠或企劃活動，歡迎您上網查詢或下載相關資料：http:// www.showwe.com.tw

您購買的書名：_____

出生日期：_____年_____月_____日

學歷：□高中 (含) 以下　　□大專　　□研究所 (含) 以上

職業：□製造業　□金融業　□資訊業　□軍警　□傳播業　□自由業
　　　□服務業　□公務員　□教職　　□學生　□家管　□其它_____

購書地點：□網路書店　□實體書店　□書展　□郵購　□贈閱　□其他

您從何得知本書的消息？

　　□網路書店　□實體書店　□網路搜尋　□電子報　□書訊　□雜誌

　　□傳播媒體　□親友推薦　□網站推薦　□部落格　□其他_____

您對本書的評價：(請填代號　1.非常滿意　2.滿意　3.尚可　4.再改進)

　　封面設計____　版面編排____　內容____　文／譯筆____　價格____

讀完書後您覺得：

　　□很有收穫　□有收穫　□收穫不多　□沒收穫

對我們的建議：_____

_____

_____

_____

11466
台北市內湖區瑞光路 76 巷 65 號 1 樓

秀威資訊科技股份有限公司　　　收

BOD 數位出版事業部

⋯⋯⋯⋯⋯⋯⋯⋯⋯⋯⋯⋯⋯⋯⋯⋯⋯⋯⋯⋯⋯⋯⋯⋯⋯⋯⋯⋯⋯⋯

（請沿線對折寄回，謝謝！）

姓　　名：＿＿＿＿＿＿＿＿＿　年齡：＿＿＿＿　性別：□女　□男

郵遞區號：□□□□□

地　　址：＿＿＿＿＿＿＿＿＿＿＿＿＿＿＿＿＿＿＿＿＿＿＿＿＿＿

聯絡電話：(日) ＿＿＿＿＿＿＿＿＿＿＿　(夜) ＿＿＿＿＿＿＿＿＿＿＿

E - m a i l：＿＿＿＿＿＿＿＿＿＿＿＿＿＿＿＿＿＿＿＿＿＿＿＿